KB042051

# 금융 영업의 정석

# 금융 영업의 정석

**초판 1쇄 인쇄일** 2024년 7월 12일
**초판 1쇄 발행일** 2024년 7월 22일

**지은이** 이경구
**펴낸이** 양옥매
**디자인** 표지혜 송다희
**교　정** 조준경
**마케팅** 송용호

**펴낸곳** 도서출판 책과나무
**출판등록** 제2012-000376
**주소** 서울특별시 마포구 방울내로 79 이노빌딩 302호
**대표전화** 02.372.1537　**팩스** 02.372.1538
**이메일** booknamu2007@naver.com
**홈페이지** www.booknamu.com
**ISBN** 979-11-6752-507-9 (03320)

# 금융 영업의
## | 정석 |
### UHNWI

· 이경구 지음 ·

 은행PB 증권WM 보험FC
자산관리인을 위한 세일즈 코칭

책나무

# 금융인에게 가장 중요한 자질은

    은행에서 30년을 보냈다. 그동안 많은 변화를 경험했지만 주로 은행 내부적 변화였다. 그러나 향후 10년 후에는 외적인 변화를 경험할 수 있을 것으로 생각한다. 가장 큰 변화는 이제 동네에서 자주 이용하는 은행 지점이 사라진다는 것이다. 최고 우량 손님이 모일 수 있는 최고 요지에 단독 건물 하나를 활용하여 금융지주 전체의 금융 서비스가 원스톱으로 이루어질 것이다. 이 건물 최고층에는 파인다이닝(fine dining)이 위치하여 주요 손님들은 각종 사교 모임은 물론 일부 공유오피스 개념을 이용해서 급한 사무 처리와 제한된 비서 서비스도 받을 수 있게 된다. 지금도 일부 금융기관에서 이루어지고 있는 모습이다.

    그렇다면 은행 내부 시스템은 어떻게 바뀔까? 먼저 지금의 리테일 영업과 기업금융 업무로 나누어져 있는 은행 조직은 디지털 금융과 관계마케팅(Relationship MKT) 그룹으로 바뀌게 된다. 아마 주요 은행 디지털 금융 파트는 인터넷 은행으로 흡수될 확률이 높고, 은행은 핵심 손님을 관리하는 파트만 더욱 강화될 것이다.

관계마케팅 그룹은 은행 핵심 손님을 관리·창출하는 파트로, 이쯤 되면 은행에 지점장은 없어지고 자산관리에 특화된 IRM(Individual Relationship Manager)과 대출에 특화된 CRM(Corporate Relationship Manager)이 은행 핵심 손님을 관리하게 된다. 그리고 각 지역 거점 센터를 이용하여 어느 곳에서든지 손님을 창출하고 관리할 수 있게 된다. 이러한 전략을 구사하는 은행은 이미 존재하고 있으니 향후 그 변화의 속도는 은행 디지털화의 속도와 비례할 것이다.

미래에 금융권 취업을 꿈꾸는 사람에게는 어떠한 시사점이 있을까? 앞으로 은행 직원 상당수는 정보(Big Data)를 분석하고 처리하거나 인공지능(AI) 업무를 담당하게 되고, 손님 관계마케팅 능력이 매우 중요한 자질이 될 것이다. 이를 위해 이 책에서는 관계마케팅을 기본으로 하는 금융기관 자산관리자(PB, WM, FC)들이 고액 자산가인 신규 고객을 어떻게 유치하는지에 대한 방법을 기술했다.

Chapter 1에는 이 책을 읽는 데 기본이 되는 관계마케팅에 대한 개요를 정리했으며 금융 영업에서는 어떻게 적용되는 설명하였고 금융기관의 고액 자산가 신규 고객 마케팅 아이디어도 제시하였다.

Chapter 2에는 고액 자산가 신규 영업을 위해 각 금융기관 자산관리자들이 미리 한 번쯤 생각해 봤으면 하는 금융 영업의 기본적인 내용들을 담았다. 고액 자산가 금융 영업의 특징을 이해할 수 있기를 기대한다.

Chapter 3에는 이 책의 핵심적인 내용으로 고액 자산가 신규 고객을 창출하는 4가지 방법을 정리했다. 자산관리자가 갖춰야 하는 능력, 신규 고객 발굴 방법, 잠재 고객 고객화 방법으로 구성되어 있으며 모든 방법은 PB 활동을 하면서 직접 시행착오를 통해 경험한 내용으로 만든 것이다.

Chapter 4에서는 고액 자산가 서비스 실패 시 손님을 응대하는 방법과 불량 고객의 특징에 대해 살펴봤으며, 자산관리자의 타깃 고객인 슈퍼리치와 영앤리치에 대해 설명하였다.

Chapter 5와 6에서는 신규 손님을 만났을 때 어떻게 영업을 해야하는지에 대한 'How to' 관련 내용을 다루었다. 먼저 상속마케팅에 대해 자세히 설명한 다음, 잠재 손님 중 가장 많은 니즈(Needs)를 발견할 수 있는 '기업 오너'를 대상으로 한 영업을 가정하고 4가지 니즈 테마를 활용한 구체적인 영업 방법을 소개했다.

마지막으로 부록에서는 이 책을 작성하는 동안 받았던 질문들 중 대표적인 10가지에 대한 답변을 정리하였다.

각 장마다 글을 읽고 자기의 생각을 정리할 수 있는 메모 공간을 두었다. 모든 사람에게 다 맞는 영업 방법은 없다고 한다. 먼저 질문에 답해 보고 이 글에서 내가 공감할 수 있는 내용을 메모한 후 책을 모두 읽고 이 메모를 모으면 바로 나만의 영업 루틴(Sales Routine)이 된다. 자신만의 영업 루틴이 완성되면 어느 순간 어떤 특정 영업 환경이 조성되면 주저 없이 이미 그에 맞게 실행하고 있는 자신을 발견할 수 있을 것이다. 이러한 영업 루틴이 쌓였을 때 성과가 만들어진다는 사실을 꼭 기억하길 바란다.

영업을 하면서 제일 무서웠던 경험은 '아무런 일을 하지 않으니 아무런 일도 일어나지 않더라'는 것이었다. 영업을 하면서 어느 기간 새로운 일을 벌이지 않으니 정말로 그 이후에는 성과에 아무런 변화가 없을 때가 있었다. 성과를 보면서 순간 공포스럽기도 했던 기억이었다. 영업은 처음에는 질보다는 양으로 출발해야 한다고 생각한다. 이렇게 출발을 해서 시행착오를 겪다 보면 인간은 누구나 자기만의 질 높은 영업 방법을 터득할 수 있다. 영업은 먼저 긍정적인 생각으로 실행을 하고 이후 해결 방법을 고민하면 된다.

　나의 인생 1막을 마무리하고 책을 내며 인생 2막을 시작하면서 감사한 분들이 많다. 30년 나의 청춘을 바쳐 열심히 일했던 일터 하나은행, 힘들게 퇴직하는 과정을 같이 아파해 준 압구정PB센터 직원들과 동료 PB들에게 감사의 인사를 전한다. 20년 가까운 시간 동안 언제나 내 말에 귀 기울여 주시고 또 새로운 인생을 시작할 수 있게 기회를 주신 세무법인하나 대표님께도 감사드린다. 끝으로, 아빠의 퇴직에 감사패를 만들어 주고 언제나 지지와 응원을 아끼지 않는 나의 가족에게 이 책을 바친다.

－ 2024년 7월

이경구

Chapter 2

# 고액 자산가 금융 영업 이해

Chapter 3

# 고액 자산가 신규 고객 창출 4대 이론

Chapter 4

# 고객 관리 및 신흥 부호 이해

Chapter 5

# How to 상속마케팅

Ultra High Net Worth Individuals

Chapter

1

# 관계마케팅과 금융 영업

U H N W I

# 1

## 금융 기관의
## 신규 고객 개척 아이디어

　우리가 흔히 이야기하는 은행, 증권, 보험 등 금융기관은 대부분
고객과의 장기적 관계 유지에 중점을 두고 고객의 신뢰와 충성도
에 기반한 경작형 마케팅인 고객 관계마케팅을 기본으로 한다. 단
기 거래 중심의 고객에 대한 일방적인 설득을 통해 매출을 확대하
는 수렵형 마케팅인 거래마케팅과는 영업 형태에서 확연한 차이를
보인다.

　그러나 고액 자산가를 대상으로 한 금융기관들의 경쟁은 시간이
갈수록 더욱 치열해지고 있어 기존 고객의 유지와 소비 점유율 향
상에 중점을 두고 있는 관계마케팅만으로 이 시장에서 계속적인 우
위를 장담할 수 없게 되었다. 따라서 신규 고객 창출에 치중하는
수렵형 마케팅을 일부 제안하고자 한다.

　신규 고객 창출은 경쟁이 치열한 금융기관 영업에 있어 매년 핵
심 지표이다. 그런데 고액 자산가를 대상으로 한 신규 고객 창출
영업은 단기간의 실적 캠페인으로 효과를 거둘 수 있는 영역이 아
니어서 이들 고액 자산가의 특성을 면밀하게 파악하고 장기적인 계

획과 조직 전체의 역량이 결집되어야 효과를 낼 수 있는 영역이다.

특히 금융기관 고액 자산가 신규 고객 창출 업무는 크게 고액 자산가 신규 고객 집단(Pool)을 발굴하는 단계와 확보된 신규 고객 집단에 접촉하여 관계를 형성하는 단계로 구분하는 것이 효과적이다. 전 단계인 신규 고객 집단을 발굴하는 업무는 고도의 전문가 영역으로, 신규 고객 개척이 필요한 모든 직원이 담당하지 않아도 된다. 본점 부서에 '신규 고객센터(New Client's Center)'를 두고 고액 자산가 신규 고객 집단을 발굴하는 마케팅 전문가가 조직 전체의 역량을 동원하여 체계적으로 진행하면 단기간에 큰 성과를 볼 수 있다.

여기에서 신규 고객 집단이 확보되면 다음 단계로 각 집단에 가장 적합한 일선 담당자(PB, WM 등)에게 배정하여 계속적인 관계를 유지하게 한다. 이들 잠재 고객 집단을 꾸준히 관리하면 시간과 확률의 법칙에 따라 자동적으로 고액 자산가 신규 고객이 창출된다. 신규 고객 관리를 통한 고객화 방법은 향후에 '경작이론'을 통해서 자세히 설명하겠다.

현재 대부분의 금융기관에서는 고액 자산가 신규 고객을 찾는 업무와 이들과 관계를 유지하며 고객화하는 업무를 영업 채널에 있는 PB나 영업점 직원이 함께 처리하고 있다. 물론 영업 채널의 모든 직원과 PB가 동일한 영업 능력을 가지고 있다면 이 방법이 좀 더 효과적인 방법이라고 할 수 있다. 그러나 많은 PB의 신규 고객 발굴 능력과 특히 영업 경력에 따라 고객과의 관계 형성 능력에 많은 차이가 나는 현실을 감안한다면, 신규 고객 집단을 발굴하는 조직과 실제 이 집단(Pool)을 활용해서 고객화하는 PB를 구분하는 것이 훨씬 효율적이다.

이를 자신 있게 말할 수 있는 것은 과거 WM지원팀장 시절 본점에서 신규 고객 집단을 발굴하는 업무를 직접 담당했기 때문이다. PB나 WM이 제일 어렵게 생각하는 것이 외부에서 고액 자산가인 잠재 고객을 찾는 것이다. 그런데 이 일만 전담하는 조직에서 고도의 전문가적 역량을 집중시킨다면 훨씬 효율적으로 고액 자산가 집단을 찾을 수 있다.

금융기관에 있어 초고액 자산가(UHNWI)는 그 자산 규모에 따라 1명이 리테일 고객 100명, 1,000명의 역할을 할 수 있으므로 조직원 전체의 관심이 필요하다. 사소한 정보 하나하나를 이용하여 이 분야 마케팅 전문가가 최고의 전문가적 능력을 동원하여 접점을 확보하고 고객화한다면 고액 자산가 고객의 금융기관 점유율은 자연스럽게 향상될 수 있다. 그러나 이 책에서는 금융기관 조직 전체 입장보다는 신규 고객을 개척해야 하는 직원의 입장에 중점을 두고 가장 검증된 방법을 제시하고자 한다.

## ⑤ 우리나라 고액 자산가 현황

글로벌하게 통용되는 High-net-worth individuals(100만 달러 이상) 숫자를 우리 기준으로 대략 예측해 본다면 원화 기준 10억 원 이상 부자 숫자가 가장 근사치일 것이다. KB금융그룹 경영연구소 '2022 한국부자보고서'에 따르면 우리나라 금융자산 10억 원 이상 인 부자는 42만4000명 정도라고 발표하였다. 부자들의 금융기관 복수 거래등을 감안한다면 이들을 대상으로 영업을 하는 금융기관 직원의 입장에서는 대략 40만명 내외의 잠재 고객 풀(Pool)을 가지 고 있다고 보면 될 것 같다.

2023년 6월말 기준 우리나라 4대 시중 은행(국민, 신한, 하나, 우리) 금융 자산 1억 원 이상 손님 수는 대략 149만 명이며, 5억 원 이상 손님 수는 18만 명, 10억 원 이상 손님 수는 6만 명 정도로 집 계되고 있고, 상대적으로 우리은행이 손님 수가 조금 적지만 그래 도 대략 4분의 1씩 과점 체제를 유지하고 있다. 또한 10억 원 이상 고액 자산가는 하나은행 거래 비중이 높고 10억 원 미만 자산가는 국민은행 거래 비중이 높게 나타났다. 또한 우리나라 고액 자산가 (HNWI)를 금융 자산 10억 원 이상으로 정의 할 때 연 평균 8% 정 도 증가한다고 한다.

## 나만의 영업 루틴(Sales Routine) △△

고액 자산가 신규 고객 또는 고객풀(Pool)을 발굴하는 사람(조직)과 이 잠재 고객 풀을 활용하여 관계를 유지하며 신규 고객을 만드는 사람을 구분하면 어떨까요? 혹시 당신은 신규 고객을 개발하는 데 더 적성이 맞지 않으세요?

# 2

## 관계마케팅의 개요

미래를 위해서는 책을 읽어
야 한다고 이야기한다. 나도
책을 읽으면 현재에 내가 모르
고 있거나 미처 신경 쓰지 못
했던 중요한 것들이 바르게 정
리되니 자연스럽게 미래가 조
금 더 잘 보이고 이러한 과정
에서 내가 하고 싶은 일도 찾

아지는 것 같다. 퇴직을 앞두고는 이제까지 해 왔던 '영업'에 대해
학문적 정리를 하고 싶었다. '영업'이라는 주제에 대한 나의 관심은
발길을 서점으로 이끌었다.

어느 날 서점의 영업/세일즈 코너에서 연세대 이동진 교수님이
쓴 『관계마케팅 전략』 책 한 권을 발견했다. 학부 때 경영학과 과목
중 왠지 계산기로 답이 나오는 과목이 좋아 대학원에서 재무관리
를 전공했다. 그런데 이 책은 학부 때 배웠던 마케팅 과목과는 내

용이 달랐다. 지금 은행에서 고액 자산가 신규 손님을 발굴하고 또 그 손님과 관계를 유지하며 진정한 손님 한 분을 고객화하는 과정이 충분히 학문적으로 설명되어 있었다. 내가 궁금해했던 부분들이 상당수 이 책으로 답을 찾을 수 있었다.

지금부터 이동진 교수님 『관계마케팅 전략』 책 내용을 일부 인용해서 관계마케팅에 대한 기본 이해가 가능하도록 간단히 정리해 보도록 하겠다.

| | Transactional MKT | Relationship MKT |
|---|---|---|
| 중점 | 일회성 판매 | 장기거래 관계 유지 |
| 상호작용 | 일방적/광고(설득) | 접점 중심(공감, 소비자 참여) |
| 제품 | 표준화 | 고객화 |
| 고객목표 | 고객 획득(수렵형) | 고객 유지(경작형) |
| 성과 | 시장 점유율 확대 | 소비 점유율 확대 |
| 시장상황 | 도입기 시장 | 성숙기 시장 |
| 고객 수익의 분포 | 단기 고객에서 많은 수익 창출 | 장기 고객에서 많은 수익 창출 |
| 획득 및 유지 비용 | 높은 유지 비용 | 높은 획득 비용 |
| 고객화의 필요 | 낮음 | 높음 |

* 출처: 이동진, 관계마케팅 전략(2016, 피앤씨미디어)

일반 기업이나 은행의 기존 마케팅은 소비자에게 제공하는 상품이나 서비스의 가치를 강조하고 소비자들의 구매를 유도하는 거래마케팅이었다. 하지만 상품 경쟁력이 차이가 없어지고 업종 간의 경쟁이 치열해지면서 고객과의 관계 형성으로 마케팅 전략이 바뀌었다.

단기 거래 중심의 거래마케팅은 고객에 대한 일방적 설득을 통해 매출을 확대하는 수렵형 마케팅이다. 반면 고객 관계마케팅은 고객의 공감과 자발적 참여에 기반한 장기적 고객 관계의 유지에 중점을 두는 경작형 마케팅이다. 고객 관계마케팅은 고객에 대한 심층적 이해를 바탕으로 고객화된 서비스를 제공하고 고객의 신뢰와 충성도에 기반한 장기적 고객 기반을 구축하는 마케팅이다. 그래서 고객 관계마케팅을 실행하는 기업은 신규 고객 창출에 치중하기보다는 기존 고객의 유지와 소비 점유율 향상에 중점을 둔다.

거래마케팅을 기본으로 한 신규 고객 창출과는 확연히 다른 관계마케팅에서 수렵형 신규 고객을 창출하는 아이디어가 이 책 내용의 핵심이다. 일반적으로 신규 고객의 창출이 적은 성숙기 시장, 장기 고객이 기업 수익의 많은 부분을 차지하는 경우, 고객의 획득 비용이 매우 높은 경우, 그리고 고객화와 대면 접촉이 중요한 서비스 기업의 경우에 장기적 고객 관계의 중요성이 부각된다.

**장기적 고객 관계 모델**

\* 출처: 이동진, 관계마케팅 전략(2016. 피앤씨미디어)

고액 자산가를 대상으로 한 고객 마케팅에 있어서 당연히 관계마케팅이 중요하다는 것은 더 이상 말하지 않아도 충분히 공감할 것이다. 장기적 거래 관계를 위해서 기업은 개별 고객의 심리와 행동에 대한 이해를 바탕으로 고객이 중시하는 가치를 제공하여야 한다. 일반적으로 단기 고객은 개별 거래의 만족에 의해 제품이나 서비스에 대한 구매 의사 결정을 하는 반면, 장기 고객은 신뢰와 충성도에 의거하여 구매 의사 결정을 하는 경향이 있다. 이는 만족이 개별 거래 대한 판단에 의해 형성되지만, 신뢰와 충성도는 오랜 시간에 걸친 여러 거래에 대한 누적에 의해 형성되기 때문이다. 고객 관계마케팅은 고객 가치를 통한 만족을 제공하고, 고객의 신뢰와 충성도를 체계적으로 관리하여 장기적으로 기업의 경제적 성과를 극대화하는 학문이다.

PB로서 오래 활동하면서 신규 고객 창출에 대해 오랜 고민을 해 왔으므로 관계마케팅의 '고객 가치 제공'에 대해 관심을 갖게 되었다. 여기에서는 PB가 금융 영업을 진행하는 과정에서 어떠한 방식으로 이 가치를 제공하는지 이해해 보자. 우리가 신규 손님을 처음 만나서 가치 제공을 통한 만족 단계까지 가야 우리의 목적인 진정한 금융 거래가 가능하다. 물론 이런 만족이 반복되어야 신뢰와 충성도에 기반한 완전한 고객이 되는 것이다.

따라서 신규 고객 창출을 위해 처음 만나서 어떻게 고객 가치를 제공할 수 있느냐를 중점적으로 살펴보아야 한다. PB들은 신규 손님을 만나서 진정한 고객 가치를 제공해 보지도 못하고 더 이상의 관계가 끊어지는 경우를 너무 많이 경험한다. 그러면 이러한 고객 가치 기회를 가지려면 어떻게 해야 하는가?

손님 니즈(Needs) 발견과 솔루션 제공이라고 생각한다. 신규 손님을 만나 짧은 시간에 고객의 니즈를 발견하고 탁월한 설명과 나만의 스토리를 통해 다음 미팅 기회를 만들고 솔루션을 제공함으로써 잠재 고객의 만족을 유도해 낸다. 그렇게 3회 이상 고객 관계를 지속하면 가망 손님으로 진화하게 되며, 결국 이후에는 시간 및 확률 법칙에 따라 일정 수의 신규 고객이 창출된다.

## 나만의 영업 루틴(Sales Routine)

지금 당신이 근무하고 있는 일은 관계마케팅과 거래마케팅 중 어느 쪽에 더 가깝나요?

# 3

## 우선적으로 충족해야 할
## 고객의 최소 기대

신규 고객마케팅을 실행할 때 참고할 만한 유용한 개념이 있다. 이동진 교수의 『관계마케팅 전략』에 나온 최소 한도의 기대 수준과 예상 기대 수준이다. 잠재 고객의 금융기관 서비스에 대한 기대 수준은 최소 기대 수준과 예상 기대 수준으로 나누어 볼 수 있다. 최소 기대 수준은 손님이 반드시 충족되기를 기대하는 최소 한도의 서비스 기대 수준이며, 예상 기대 수준은 손님이 다른 금융기관을 이용한 경험에 비추어 적정한 수준으로 예상하는 서비스 수준을 의미한다.

그리고 신규 고객을 개척할 때 반드시 충족해야 하는 것이 바로 최소 기대 수준이다. 그 이유는 이 수준을 충족하지 못할 경우에 잠재 고객은 처음부터 해당 금융기관과 담당 PB(WM, FC)를 거래 고려 대안에서 제거해 버리기 때문이다. 이를 마케팅 교재에서는 '소거 효과'라고 한다.

그렇다면 금융기관을 이용하는 고액 자산가 잠재 고객에게 있어

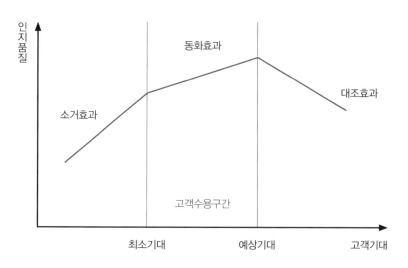

최소 기대 VS 예상 기대

* 출처: 이동진, 관계마케팅 전략(2016, 피앤씨미디어)

이 최소 기대 수준의 내용은 무엇일까? 크게 금융기관 자체에 대한 최소 기대 수준과 담당 PB에 대한 최소 기대 수준으로 구분할 수 있다.

Ⓢ 금융기관에 대한 최소 기대 수준

먼저 금융기관 중 은행의 사례를 들어 살펴보면, 대표적인 예가 막연히 규모가 큰 4대 시중 은행 PB센터를 선택하는 것이다. 특별한 필요가 있지 않는 한 규모가 작은 은행이나 지방은행을 고액 자산가가 선택하는 경우는 많지 않다. 아마도 고액 자산가에게는 은행의 규모가 최소 기대 수준이었을 것이다. 물론 지방은행도 서울에서 특수하게 PB 비즈니스를 성공시킬 수 있다. 은행의 규모를 최소 기대 수준으로 생각하지 않는 잠재 고객을 찾아 4대 시중 은행 PB센터를 능가하는 서비스를 제공하면 된다. 바로 한국 최고의 PB를 채용하거나 육성하여 배치하면 지방은행의 핸디캡 정도는 충분히 해결될 수 있다.

또 다른 사례로 같은 금융기관 PB센터 간에도 이러한 고객 최소 기대 수준에 의해 손님의 이동이 있을 수 있다. PB센터 입지나 발레파킹이 제공되는 주차 시설 소유 여부, PB센터 부대시설 여부 등의 편의시설이 거래할 금융기관을 선택하는 기준이 되기도 한다. 특히 주차 시설은 PB센터의 첫인상을 좌우할 수 있어 의외로 고객의 PB센터 선택에서 최소 기대 수준이 될 수 있다.

같은 금융기관의 PB센터 간 경쟁을 해결할 방안은 PB센터의 거점 점포화일 것이다. 지금처럼 점주권 위주의 영업에 맞춰진 PB센터 배치에서 벗어나 손님들이 가장 이용하기 편리한 곳에 건물 전체를 이용한 거점으로 바꾸는 것이다. 외부와 독립된 공간을 만들어 편의시설과 토털 금융 서비스를 제공한다면 어떨까. 어쩌면 서울의 경우 강남과 강북에 각각 하나 정도의 거점 점포를 만들고 PB는 자유롭게 두 거점을 이용해서 고객 서비스를 제공할 수도 있다.

## ⑤ 담당 PB에 대한 최소 기대 수준

PB 직원 자체에 대해 기대하는 것도 있다. 외모, 성별, 나이 등 외적인 부분도 있겠지만 더 큰 부분을 차지하는 건 실제 PB와 대화를 하면서 느껴지는 인성이나 실력 등이다. 특히 PB 직원 자체에 대한 최소 기대 수준은 개별 손님의 개성에 따라 다를 수 있어 PB 입장에서는 내게 맞는 잠재 고객을 선택하면 된다. 그러나 대부분의 손님 마음속에 정해 놓은 PB에 대한 최소 기대 수준을 맞추지 못하는 것은 큰 문제이다.

그래서 PB는 모든 면에서 일정 수준을 유지하는 것도 매우 중요하다. 물론 대부분 금융기관에서는 이러한 PB의 최소 기대 수준 충족을 위한 교육 프로그램을 가지고 있으나, 이보다 더 중요한 것은 최초 PB 선발 시 손님과의 관계마케팅에 적합한 인성을 가지고 있는 직원을 선택하는 것이다.

PB 실력과 관련된 사례를 하나 들어 보고자 한다. 세무 전문가로 일을 시작하여 PB로 전향했을 때 세금 관련 지식을 무기로 초기 상담을 했었다. 전문가다운 지식은 장점이 되어 잠재 고객의 마음을 사로잡았다.

그런데 언젠가 초기 잠재 고객의 상담을 할 때였다. 부모에게서 증여를 받을 때와 조부모에게서 증여를 받을 때는 증여재산공제가 합산되고 대신 증여재산가액은 각각 계산된다는 것을 순간 착각하여 증여재산공제도 각각 계산된다고 전달하였다. 그런데 하필 손님이 이미 세무사와 상담을 끝낸 후여서 매우 실망하고 더 이상 관계를 진전시키지 못한 적이 있었다. 간혹 착각하기 쉬운 세법 내용이지만, 기본적인 내용을 모르고 있는 PB의 실력은 이 증여를 당장 진행하고 있었던 그 잠재 고객의 최소 기대 수준을 충족하지 못한 것이다. 이후 더 이상 거래의 대상으로 생각하지 않게 되었음은 물론이다.

실력도 중요하지만 PB처럼 관계마케팅을 담당해야 하는 직원은 맨 처음 선발할 때 개인적인 인성을 잘 파악하여 적합한 성향의 직원을 선발하는 것이 매우 중요하다. 이후 일정 교육 프로그램을 통해 PB로서 기본 실력을 쌓아 가도록 하는 것이 더 효과적이다. 직원의 성향에 관한 재미있는 사례가 있다. 미국 AMEX 자산관리 사업 부분에 대한 벤치마크 연수를 갔을 당시 HR 담당 임원의 강의에서 들었던 내용이다.

이 임원은 시장에서 자산관리에 가장 적합한 성향을 가진 직원을 스카우트하여 일정 교육 과정을 거친 후 정식 자산관리 업무를 할 수 있게 직원을 배치하는 역할을 담당하는데, 채용하는 직원의 경력 중 교사 경험이 있는 경우를 가장 선호한다는 것이다. 사실 PB의 업무 핵심을 들여다보면 모르고 복잡한 것을 아주 쉽게 설명해야 하는 교사 기능과 매우 흡사하기 때문이다.

상품에 대한 정보 우위에 따른 판매 방식

| 업종 | 수요자 | 공급자 | 판매방식 |
|------|--------|--------|----------|
| 자동차 | 50 | 50 | 협상 |
| 제약 | 100 | 0 | 관계영업(부탁) |
| 금융 | 0 | 100 | ? |

전문가 영역 비즈니스?

　PB 시절 받았던 세일즈 코칭(Sales Coaching) 강의 교재에서 발췌한 내용이다. 표는 판매하는 상품에 대한 지식과 정보의 양과 그에 따른 판매 방식을 설명하고 있다. 여러분은 이 표의 물음표에 가려진 정답이 무엇이라고 생각하는가? 절대적 정보 우위에 있을 때 가장 효과적인 판매 방식은 '티칭(Teaching)'이다. 누구를 '가르친다'는 표현보다는 여기에서는 '누구에게 상품이나 서비스를 쉽게 설명하는 능력' 정도로 해석해 주었으면 좋겠다.

　제품과 서비스의 공급자와 수요자 간에 정보와 지식의 비대칭이 극명한 경우 중 특히 공급자가 독점하고 있는 경우를 '전문가 영역 비즈니스'라고 한다. 주로 전문 자격증이 필요한 영역이다. 한때는 자격증 자체가 속된 말로 밥 먹여 주던 시절이 있었다. 그러나 지금은 어떠한가? 대부분 영업이라는 것을 해야 하고 그들만의 마케팅 방법이 필요하게 되었다. 몇 년 전 세무사들과 회계사들을 상대로 한 강의에서 이 표를 가지고 설명한 적이 있었는데 큰 호응을 얻었던 기억이 난다.

PB의 영업 또한 손님에 비해서 우월한 정보 우위에 있는 경우이므로 손님에게 상품과 서비스를 쉽게 설명하는 능력을 갖춰야 한다. 그렇게 되기 위해서 앞으로 고객에게 영업할 때 설명할 자기만의 스토리를 개발하라고 꼭 추천하고 싶다.

### 나만의 영업 루틴(Sales Routine) ♻

신규 고객을 만나 영업하면서 '최소 기대'를 충족하지 못해 고객화하지 못한 경험이 있나요? 다른 사람에게 무엇을 설명했을 때 "어쩜 이렇게 쉽게 설명을 해 주세요!"라는 피드백을 받으신 적이 있나요? 이런 피드백을 받으셨다면 당신은 영업에 적합한 사람입니다.

# 4

## 고객 가치 제공에 있어
## 공간의 중요성

금융 영업에서 고객 가치를 제공하는 방법은 빠르고 적절한 니즈의 발견과 솔루션 제공이라고 설명하였다. 그렇다면 고객이 인지하는 가치란 무엇인지 이동진 교수의 『관계마케팅 전략』의 내용을 좀 더 살펴보도록 하겠다.

고객 인지 가치는 획득 가치와 거래 가치의 합이라고 한다. 획득 가치는 획득한 제품이나 서비스의 품질이 가격에 비추어 얼마나 가치가 있는지를 나타낸다. 획득 가치는 제품의 기본 성능과 관련된 가치를 의미하는 기능적 가치와 제품이나 서비스의 다양한 오감 체험을 통해서 형성되는 즐거움의 가치인 체험적 가치 그리고 자아 이미지와 관련 사회적 가치로 구분된다. 거래 가치는 말 그대로 가격의 매력도를 의미한다.

여기에서 기업은 통상 획득 가치를 거래 가치보다 우선 제공해야 한다. 고객은 얼마나 가격이 낮은가보다는 얼마나 품질이 좋은가를 우선적으로 평가하기 때문이다. 획득 가치 중에서도 우선순위를 고려해야 한다. 고객의 제품과 서비스 구매의 가장 기본 조건인 기능적 가치를 여러 획득 가치 중 가장 우선해야 한다. 다만 기능적 가치는 일정 기준 이상을 충족한다면 더 이상의 만족감을 주지는 못한다. 기능적 가치가 일정 수준을 넘어서면 고객의 구매 초점은 체험적 가치와 사회적 가치로 이동한다.

PB가 제공하는 금융 서비스를 생각해 보자. 일단 상품의 가격이 저렴한 것보다는 서비스의 질에 더욱 신경 써야 한다. PB센터의 경우 기본적인 기능적 가치는 충족한 것으로 보고 고객의 체험적 가치와 사회적 가치에 더욱 심혈을 기울여야 할 것이다.

일반적으로 소비자는 소비 경험과 소비 수준이 올라갈수록 기능적인 측면보다는 제품이나 서비스의 체험에서 오는 느낌을 중시하는 경향을 보인다. 고객의 오감 체험은 시각, 청각, 촉각, 후각 및 미각의 순으로 영향을 받는다. 디자인과 색상을 통한 시각적 가치의 충족이 체험 가치에서 가장 큰 비중을 차지하므로 시각적 가치 충족이 최우선시되어야 한다.

이런 체험 가치가 중요해지면서 요즘 금융기관의 PB센터가 고급화되고 있다. "공간이 곧 경험이다."라는 말처럼 고객 경험의 중요성이 강조되고 있는 것이다. '새로운 고객 경험'의 중요성을 강조한 글을 "카카오뱅크가 자산관리 시장에 진출한다면…"이라는 제목으로 언론 기고를 한 적이 있다. 자산관리 시장과 체험 공유에 대한 여러 아이디어를 제시한 글로 아래에 소개한다.

카카오뱅크 상장

## 카카오뱅크가 자산관리 시장에 진출한다면…

얼마 전 우리는 카카오뱅크가 증권 시장에 상장되던 날, 단번에 현 최대 금융지주의 시가 총액을 월등히 능가하는 것을 보고 잠시 디지털 전환기의 시대 변화를 두 눈으로 목격할 수 있었다. 이처럼 금융 시장의 디지털 전환은 이제 선택이 아닌 생존의 문제로 부각되고 있다.

최근 경제면에 자주 나오는 기사를 보면 한국씨티은행의 소매 금융 철수 소식이 있다. 이에 따라 이 은행의 기업금융을 제외한 많은 직원이 희망 퇴직을 신청했다고 한다. 혹자는 한국씨티은행의 소매 금융 철수에 대해 최근 디지털 전환 시기에 엄청난 디지털 전환 비용을 투자하느니 차라리 철수를 선택했을 것이라는 의견을 제시하기도 한다.

지금의 한국 금융 시장 디지털 전환의 촉매 역할을 카카오뱅크가 했다는 데는 대부분 동의할 수밖에 없다. 그러나 금융기관의 수익 구조를 잘 아는 금융인의 입장에서 이렇게 카카오뱅크 주가가 높게 평가받는 것에 대해서는 이견이 많을 것이다.

은행 비즈니스는 그동안 리테일, 자산관리, 기업금융으로 크게 구분해 왔다. 또한 영업점도 리테일 지점, 기업금융 지점, 자산관리 지점으로 구분하여 점주권 특성에 맞는 영업을 할 수 있게 해 오고 있다. 이러한 영업점 고객 수익 분석을 해 보면 파레토 8대2 법칙이 적용되는데 최상위 손님 20%가 수익의 80%을 창출해 주고 있다. 물론 은행 전체적으로도 유사한 형태를 보이고 있다.

카카오뱅크의 현재 타깃 영업은 은행 수익의 20% 정도를 차지하는 리테일에 초점이 맞춰져 있다. 아무리 온라인을 통한 고정비용 절감 효과를 감안한다 하더라도 지금의 주가는 설명하기가 어렵다.

그렇다면 왜 시장 참여자들은 카카오뱅크에 그토록 높은 평가를 하는 것일까? 그것은 아마도 카카오뱅크가 지금의 리테일 비즈니스만을 하지는 않을 것이라는 예측 때문일 것이다. 자산관리 시장에 오랫동안 참여하고 있는 전문가로서 향후 카카오뱅크가 자산관리 시장에 참여했을 때의 외형적인 모습을 상상하여 소개하고자 한다.

현재 고액 자산가를 상대로 하는 금융기관의 자산관리 비즈니스는 디지털 전환기에도 주목받고 있는 분야 중에 하나이다. 카카오뱅크는 이 시장에 참여할 때도 과연 온라인으로만 승부를 볼 것인가? 아니라고 생각한다. 이 시장은 오프라인 공간이 필요한 시장이다. 그러나 카카오뱅크는 지금의 일반 오프라인 은행 PB센터와는 개념이 다른 "영업을 하는 공간이 아니라 고객에게 새로운 경험(Customer Experience)을 주는 공간"으로 활용할 것이다.

교통과 문화의 중심지 대형 건물 하나가 모두 카카오뱅크 자산관리 대상 고액 자산인에게 새로운 고객 경험을 주는 공간으로 등장한다. 특징은 일반 은행 PB센터와는 다르게 근무 직원이 거의 보이지 않는다는 것이다. 고객은 사전 예약을 통해 로비를 통과하면 건물 각 층에 준비된 고객 경험 공간을 입장할 때마다 각종 인식 장비를 통해 극진한 환대 멘트를 듣게 된다. 프라이빗한 고액 자산가들의 업무 특성상 사람의 응대를 받는 것보다 훨씬 선호하게 된다.

그렇다면 이러한 고액 자산가는 어떻게 이 공간을 찾게 되는 것일까? 카카오라는 이름 하나만 믿고 이미 금융기관의 핵심 고객으로 담당 PB의 열정적인 관리를 받고 있는 고객이 하루아침에 카카오뱅크로 이동할 수 있을까?

카카오뱅크에 아이디어를 제공하는 차원에서 방법 하나를 제시하자면 고객 공유 플랫폼(Customer Sharing Platform)이다. 카카오뱅크 이 공간의 또 다른 목적 하나는 고객 공유의 공간이 되는 것이다. 고액 자산가들이 필요로 하는 세금, 부동산, 라이프 케어 분야의 많은 전문가들이 이 공간을 이용해서 본인들의 고객을 공유하고 새로운 고객을 만난다. 물론 카카오뱅크 자산관리 고액 자산가들 또한 사전에 시장에서 검증된 고객 공유 플랫폼에 참여할 수 있는 기회다. 최고의 전문가들로부터 이 공간에서 새로운 고객 경험을 하게 되는 것이다.

카카오뱅크는 우리나라 10억 원 이상 현금 자산을 보유한 시중 은행 거래 10만 명 내외 고액 자산가의 데이터를 이 고객 공유 플랫폼을 통해 축적하고 이들에게 초개인화된 자산관리 서비스를 제공할 것이다. 아마존이 온·오프라인을 연결한 새로운 전략을 추구하듯이 고객 경험을 중시하는 오프라인 공간의 등장이 카카오뱅크 자산관리 시장 진출의 중요한 시발점이 될 가능성이 매우 높다.

카카오뱅크가 "공간이 곧 경험이다"라는 새로운 인식을 통해 경험을 주는 공간을 이용해 자산관리 시장에 진출한다면 그 파괴력은 지금의 리테일 비즈니스 때와는 비교도 되지 않을 것이다. 우리나라 고액 자산가의 상당 부분을 차지하는 기업 오너들을 고객화해 나가면 결국 기업금융까지 손쉽게 영역을 확보해 나갈 수 있을 것이다. 바로 이러한 향후 변화를 감안한다면 지금의 카카오뱅크 주가는 설명될 수 있을 것이며 오히려 좀 더 상승이 가능할 것이다.

# 나만의 영업 루틴(Sales Routine)

현재 근무하는 공간은 고객에게 충분한 체험적 가치를 제공하고 있다고 생각하나요? 일반적으로 금융기관의 VIP 손님에게는 저렴한 수수료에서 얻는 가치보다는 질 높은 서비스에서 얻는 가치가 훨씬 중요합니다.

# 5

# 정도보다는
# 빈도가 더 중요한 고객 만족

이동진 교수의 『관계마케팅 전략』에 따르면 "고객의 전반적인 만족도는 만족의 강도보다 만족의 빈도에 의해 더 크게 영향을 받는다"고 한다. 처음 잠재 고객을 상담할 때 가능한 빨리 고객에게 필요한 니즈를 발견하고 이후 솔루션을 제공하면서 손님의 만족도를 높이며 신규 고객을 창출하는 방법이 있다. 이는 일종의 문제 해결 (Pain Point) 마케팅에 해당한다. 손님이 필요하고 해결하지 못한 부분을 찾아 해결해 주기 때문이다.

문제 해결 마케팅에서 손님의 만족도는 신규 고객 창출에 영향을 미친다. 그러나 이런 과정을 거쳐 잠재 고객이 가망 고객이 되어도 바로 고객화가 되지 않는 경우가 많다. 이런 경우 한번에 강한 만족으로 바로 고객이 될 수 있다는 생각은 버려야 한다. 손님이 때마침 유동성이 생긴다든지 타행에 예금이 만기가 돌아올 때까지는 시간이 필요하다.

그래서 이렇게 만들어진 가망 고객에게도 꾸준히 마이크로 밸류 (Micro Value) 마케팅을 제공해야 한다. 바로 고객의 만족은 빈도가 중요하기 때문이다. 이러한 마케팅을 우리는 감성마케팅이라고 부르기도 한다. 기본적으로 잊지 않게 꾸준한 연락은 필수적이고 가끔은 손님이 'WOW' 감탄하도록 세심한 관리가 필요하다. 사실 이러한 WOW 마케팅은 여성 PB분들이 워낙 잘하는 분야이다.

다음으로 "전반적 고객 만족도는 최근성에 의해 영향을 받는다"고 한다. 다시 말해서 오래전 만족한 경험보다는 최근 만족한 경험에 더 큰 영향을 받는다는 것이다. PB가 신규 손님을 만드는 과정에서 손님의 만족도를 높일 수 있는 일이 있었다면 가급적 그때 계좌 개설을 시작하고 거래 시작을 부탁하는 것이 좋다. 조금만 시간이 지나도 그 만족은 과거의 것이 될 가능성이 높기 때문이다.

## 나만의 영업 루틴(Sales Routine)

고객의 만족을 위하여 당신이 하는 가장 중요한 활동은 무엇인가요? 고객 만족은 정도보다는 빈도가 중요하며 만약 관리하는 가망 고객이 만족하셨다면 바로 즉시 신규 거래를 부탁드리는 것도 매우 중요합니다.

Ultra High Net Worth Individuals

Chapter

# 고액 자산가
# 금융 영업 이해

UHNWI

# 1

## 금융 업종에 따른
## 신규 고객 제공 핵심 가치

고액 자산가가 이용하는 은행, 증권, 보험의 상품은 필수재화, 기호재화, 불용재화의 성격을 가지고 있다. 고액 자산가는 투자 성향이나 용도에 따라 각 금융 업종의 상품을 선택한다. 은행의 금융 서비스를 기본으로 투자 성향이 다소 공격적이거나 특별히 증권을 이용해야 하는 이유가 있는 고객은 증권을 이용한다. 고액 자산가에게 미래의 위험을 대비하여 지금 상품을 가입해야 하는 보험은 사실 당장 필요치 않은 상품일 수 있다. 그래서 보험이 필요한 1%의 가능성을 발굴하여 고액 자산가를 상대로 영업해야 하는 금융업이 보험이다.

이러한 3가지 금융업의 성격 차이로 이들 업종 간에는 여러 가지 차이가 있는데 대표적인 것이 급여 형태이다. 은행은 주로 정규 직원을 통한 고정급 지급이 대부분이다. 증권은 높은 수익을 내는 능력을 가진 사람은 대부분 계약직 형태로 성과급을 받는 경우가 많다. 보험 영업은 고용 형태와 상관없이 모두 성과급 형식을 취하고 있는데, 이는 각 업종 취급 상품의 성격 차이에서 기인한다.

단적인 예로 초기 은행에 방카슈랑스가 도입되었을 때, 은행 직원이 보험 상품을 판매하게 되면 보험사 직원처럼 판매 수수료를 지급한 적이 있다. 그런데 얼마 지나지 않아 보험 상품을 판매한 은행 직원에게 지급하던 보험 판매 수수료는 지급하지 않게 되었다. 이유를 분석해 보면 은행에서 방카슈랑스는 일종의 필수재화 성격으로 전통적인 보험의 성격에 맞는 고객이나 비과세 혜택 등 특별한 니즈가 있는 고객에게 판매가 이루어졌다. 굳이 이 판매 수수료를 개별 판매 직원에게 지급하지 않고 은행의 성과 평가 툴에서 관리해도 충분했던 것이다.

## ⑤ 3가지 금융업의 신규 고객 개척 시 차이점

이제 각 금융업의 성격 차이에 따른 신규 고객 개척 시 차이점을 비교해 보자. 먼저 은행은 근본적으로 대부분 고액 자산가에 필요한 서비스와 상품을 가지고 있다. 무엇보다 신규 고객을 개척할 때 가장 중요한 것은 바로 실제로 그 잠재 고객이 자산을 충분히 가지고 있는가 하는 것이다. 그래서 은행 PB들이 신규 영업을 진행할 때 가장 힘들어하는 부분이 바로 어디에 가야 본인이 타깃으로 하고 있는 고액 자산가 잠재 고객을 만날 수 있는가이다. 사실 은행 PB들의 가장 많은 실패 사례도 충분한 자산의 고액 자산가를 찾지 못한 데 있다. 정말 많은 시간과 에너지를 투자했으나 실제 거래할

만한 자금이 없거나 그 자금이 만들어질 가능성이 매우 낮은 경우
이다.

　증권의 경우는 은행의 경우보다 조건이 하나 더 추가되어야 하므
로 좀 더 어려운 영업이라고 할 수 있다. 일단 자산이 충분히 있어
야 하고, 아울러 증권에서 제공하는 투자형 상품에 투자할 만한 투
자 성향을 가지고 있는 잠재 고객을 찾아야 하기 때문이다. 증권
의 경우 다소 자산이 작더라도 주식 시장(Equity Market)에 대한 충
분한 지식을 가지고 있으면서 증권 WM이 제공하는 투자형 상품을
공격적으로 투자할 수 있는 고객을 좀 더 선호한다.

　보험의 영업은 어떠할까? 충분한 자산을 보유하고 있는 고액 자
산가가 미래의 위험을 대비할 필요가 있겠는가? 그나마 과거에는
보험 상품의 비과세 혜택으로 거액의 보험 가입이 가능했으나 지금
이 비과세 혜택은 거의 의미 없는 혜택이 되었다. 이제 최소한 고
액 자산가에게 보험을 권유하는 건 정말 1%의 니즈를 잘 공략해서
끊임없이 열정을 발휘해야 하는 매우 힘들고 어려운 과정이다.

　그렇다면 1%의 니즈란 무엇일까? 일정 기간 동안 거액의 자금
중 일부를 잊어버리고 싶은 고객이다. 과연 이런 사람이 있을까 싶
지만 간혹 은행에서는 발견할 수 있다. 기업 매각을 통해 일시에
천문학적인 자금을 가지게 된 사람, 부모님에게 물려받은 부동산
이 자신의 의지와 상관없이 거액의 현금으로 바뀌게 된 사람, 50대
이상 은퇴가 가능한 손님에게는 정말로 지금의 거액 자산은 너무도
큰 부담일 수 있다. 최소한 10년 이상 먼 훗날에나 이 자금을 운용

하고 싶은 니즈가 있는 것이다.

이외에 고액 자산가가 보험이 필요한 1%의 이유로 변액보험을 이용한 과세 이월 효과 등도 생각해 볼 수 있다. 물론 전문 보험사 FC에게는 기업 경영자들을 상대로 하는 CEO 보험 등 좀 더 다른 보험 상품 판매 스킬이 있을 수 있으나 고액 자산가를 신규 보험 고객으로 개척하기 위해서는 당장 필요 없는 상품을 판매해야 하는 노력이 필요함은 확실하다.


Ⓢ 신규 고객 개척 시 잠재 고객에게 제공해야 할 핵심 가치

이러한 각 금융 업종별 성격 차이에 따라 고액 자산가인 신규 고객을 개척할 때 대상 잠재 고객에게 제공해야 하는 핵심 가치에 대해 생각해 보고자 한다. 은행 PB의 경우는 타 업종에 비하면 비교적 신규 고객 개척이 수월할 수 있으나 동일 업종 은행 간에는 신규 고객을 늘리기 위한 경쟁이 매우 치열하므로 절대 쉬운 일은 아니다. 그렇다면 은행 PB는 신규 고객을 개척할 때 어떤 핵심 가치를 잠재 고객에게 제공해야 할까? 일단 기본적인 금융 서비스 제공을 통해 잠재 고객의 최소 기대는 충족한 상태에서 반드시 그 잠재 고객이 좀 더 필요로 하는 영역에서 추가적인 가치(Value)를 제공할 수 있어야 한다.

대부분의 고액 자산가들이 관심을 가지고 있는 영역은 대부분의

자산관리인이 공부하는 영역과 일치한다. 세금, 부동산, 기업 오너의 경우 법인과 관련된 종합 서비스, 투자상품을 통한 적절한 자산관리, 특수한 외국환 서비스 등이다. 은행 PB는 원활한 신규 고객 개척을 위해서는 반드시 자신만의 주특기 영역을 하나쯤은 개발하기를 적극 권유드린다. 이러한 주특기 영역 개발은 본인이 특화하고 싶은 고객층과도 긴밀한 관련이 있으니 깊이 있는 고민이 필요한 부분이다.

증권사 WM은 신규 고객 개척할 때 어떤 핵심 가치를 제공하는 것이 유리할까? 바로 은행에서는 경험할 수 없는 고수익률이 가능한 상품이다. 이는 단순 고위험 상품과는 다르다. 잠재 고객이 충분히 리스크에 대해 이해할 수 있거나 또는 일정 통제 가능한 고수익 상품을 말한다. 물론 잠재 고객의 투자 성향이나 투자 상품에 대한 지식 차이에 따라 본인이 받아들일 수 있는 리스크의 정도는 다를 수 있으나, 이러한 리스크와 수익률을 손님에게 쉽게 설명하여 거래를 시작할 수 있게 하는 WM의 실력이 바로 핵심 가치인 것이다.

마지막으로 보험사 FC가 고액 자산가인 잠재 고객에게 제공해야 하는 핵심 가치는 무엇일까? 고액 자산가에게 당장 필요하지 않는 거액 보험 상품을 판매하려면 1%의 손님의 니즈를 발굴해야 하는데 이런 경우 핵심 가치는 다름 아닌 한 인간으로서 FC 자체이다. 보험 상품이 아닌 먼저 FC 자체를 손님에게 판매할 수 있어야 한다. 많은 노력과 시간이 필요할 수 있다. 그러나 그에 상응하는 보수가 있으니 지금도 불나방처럼 모여드는 것이 아닌가? 그만큼 힘든 길이기에 은행이나 증권사 자산관리인을 대상으로 한 신규 고객 개척 마케팅 책은 거의 없는 반면, 보험사 FC 대상 마케팅 책은 자주 발간되는 것이다.

## 나만의 영업 루틴(Sales Routine)

지금 근무하시는 업종은 무엇인가요? 신규 고객을 고객화하기 위해 제공해야 하는 내 업종의 핵심 가치(Value)는 무엇이라고 생각하십니까?

# 2

## 적게 일하고 큰 성과를 이루기 위한
## '고액 자산가 8:2 법칙'

서점에 갔을 때 유독 제목이 마음에 들었던 책이 있었다. 『적게 일하고 잘사는 기술』이라는 책인데, 은행 생활을 하면서 평소 많이 했던 생각이 제목으로 쓰였기에 바로 구매했다. 책의 내용을 간단히 정리하면 경제 현상에서 볼 수 있는 파레토 8:2 법칙이 사회 현상에서도 적용되므로 본인에게 가장 큰 만족과 성과를 주는 일에 집중하자는 내용이다. 영업을 하고 이를 평가받는 은행원의 입장에서 매우 공감되는 내용이었다.

은행의 고객 비중 대비 수익 비중을 비교해 볼 때 그 분포가 자산 규모 상위 20% 고객이 수익의 80%을 차지하는 파레토 분포를 보이고 있다. 이는 은행 전체, 리테일 영업점, VIP 영업점 모두 나타나는 현상이다. 언뜻 보기에 리테일 영업점은 이 분포가 롱테일 분포를 보일 것 같은데, 리테일과 VIP 영업점이 분포 형태가 유사하게 나온다. 따라서 은행원의 입장에서는 향후 상위 20%의 손님에게 집중해야 할 것이다.

손님의 금융 자산 규모 대비 가치(Value) 크기

1억 원 손님(100명)

≤ 10억 원 손님 (10명)

≤ 100억 원 손님 (1명)

'일 적게 하고 은행 생활 잘하는 기술'에 대해 말하자면 당연히 자산 규모가 큰 손님을 관리하는 것이다. 관리 비용을 감안한다면 1억 원 손님 100명을 관리하는 것보다는 100억 원 손님 1명을 관리하는 것을 선택해야 은행원으로서 워라벨을 유지하며 은행 생활을 잘하는 기술이다. 하지만 은행 영업의 현실과 성과지표(KPI)의 내용을 본다면 1억 원 손님도 관리할 수밖에 없는 상황이다.

자산 규모별 손님 구분 국제 기준

Ultra high—net—worth individuals [UHNWI] (〉US$30 million)

Very high—net—worth individuals [VHNWI] (〉$5 million)

High—net—worth individuals [HNWI] (〉$1 million)

은행 영업을 하면서 대략 10억 원 이상의 유동자산을 소유한 High-net-worth individuals(HNWI)를 만나기도 쉽지 않은데 50억 원 이상의 Very high-net-worth individuals(VHNWI)나 300억 원 이

상의 Ultra High-net-worth individuals(UHNWI)를 만나는 것은 더욱 어려운 일이다. 은행의 핵심성과지표(KPI)는 금융 자산 1억 원 이상인 손님을 신규로 개척하고 관리하도록 맞춰져 있다. 그래서 영업하는 사람의 입장에서 접촉하기 힘들고 만나기 힘든 초고액 자산가(UHNWI)인 고객이 직접 찾아오지 않으면 굳이 개척하려는 동기 부여가 잘 이루어지지 않는 것이다.

적게 일하고 은행 생활을 잘하기 위해서는 사고의 전환이 필요하다. 영업을 하는 은행원의 입장에서 초고액 자산가(UHNWI)의 고객화가 가능하다면 왜 만나고 싶지 않겠는가? 이유는 간단하다. 이런 손님은 만나는 것 자체가 차단되어 있어 접촉이 어려운 경우가 많고, 설령 만난다 한들 그 손님의 니즈를 발견하고 이후 관계를 유지할 자신이 없기 때문이다.

다음으로 은행의 핵심성과지표(KPI)의 문제점이다. 은행들에게 가장 큰 자산을 가지고 있는 가장 적은 수의 손님을 관리하는 것이 은행의 관리 비용을 감안했을 때 최선이라는 시그널을 핵심성과지표에 담아야 한다. 예를 들어 관리 손님 대비 자산 규모 및 수익성 지표를 개발하여 PB들이 가능하면 큰 자산 규모 손님을 관리하도록 동기 부여해야 한다.

그런데 최근 금융기관 디지털화를 볼 때 이 같은 변화는 필연적으로 올 것으로 보인다. 비교적 규모가 작은 거래는 모바일이나 AI로 대체되고 있기 때문이다. 은행원들은 하루빨리 좀 더 큰 자산을 소유한 손님을 개척할 수 있도록 스스로 변해야 한다. 최근 금융기관의 디지털화로 많은 은행 영업점들이 없어지고, 향후 남아 있을 오프라인 영업점들은 좀 더 통합화되고 고급화되는 변화가 일어날 것이다. 비용 측면을 고려해 금융기관에 충분한 수익을 창출해 주는 손님 외에는 온라인으로 서비스가 이루어질 것이다. 앞으로 오프라인 금융 영업 또한 최소 고액 자산가(HNWI) 이상의 손님을 타깃으로 해야 하는 것은 자명한 일이다.

## 나만의 영업 루틴(Sales Routine)

지금 자산관리 중인 손님 가운데 자산 규모가 가장 큰 손님의 자산 규모는 얼마나 되나요? 그리고 신규로 고객화한 자산 규모가 가장 큰 손님의 유치 금액은 얼마인가요?

# 3

# 고액 자산가 소개영업은
# 실패의 지름길

시중에 금융 영업과 관련된 책들을 살펴보면 대부분이 보험 영업에 관련된 경우가 많다. 그만큼 보험 영업이 어렵다는 반증일 것이다. 보험 영업에 관한 책 중『마케팅 최종병기 소개마케팅 비법』(김동범 지음, 중앙경제평론사)이라는 책을 읽은 적이 있다. 역시 제목이 마음에 들어 읽게 되었는데, 이 책의 영업 방법이 은행의 고액 자산가 영업에는 맞지 않다는 생각을 하게 되었다. 여기에 그 이유와 실제 사례를 소개하고자 한다.

은행에 근무하는 동안 고액 자산가 대상 영업을 하는 K부장을 오랫동안 주위에서 지켜본 적이 있다. K부장의 영업을 한마디로 정리하면 대학 동문 등 인맥을 활용한 소위 말하는 소개 영업이라고 말할 수 있었다. 그런데 왜 성과는 언제나 저조했을까?

이유는 바로 그 소개 영업의 대상이 은행에서 타깃으로 하는 고액 자산가가 아니라 본인의 친구들이었기 때문이다. 영업 성과가 저조한 것을 보면, 그 친구들은 고액 자산가가 아니었을 확률이 매우 높다. 많은 영업 비용을 쓰고 토요일도 부족하여 일요일까지 골프를 치며 관계를 유지해도 영업을 통해서 들어오는 자산은 극히 적은 규모였으니 말이다. 지금 생각해 보건대 본인의 인맥을 이용하여 그분이 모시고 있는 기업 오너나 기관의 장을 만날 기회로 삼았더라면 효과는 훨씬 더 좋지 않았을까?

## 善惡皆吾師

어렸을 때 아버지로부터 『논어』에 나오는 '선악개오사(善惡皆吾師)'라는 문구를 자주 듣곤 했다. 선과 악이 모두 스승이라는 뜻인데, 선한 것을 보고 따라 하면 스승인 것처럼 악한 일을 보더라도 나는 저렇게 하면 안 되겠다 생각하면 그 또한 나의 스승이라는 가르침이다. 성과를 내지 못하는 K부장을 지켜보면서 그의 전철을 밟지 않으려 노력했다. K부장과 아버님의 가르침이 내 영업의 지침이 된 셈이다.

고액 자산가를 대상으로 하는 영업은 스스로 개척해야 할 영업이지, 소개 영업으로는 한계가 있다. 경험을 통해 알게 된 사실이다. 정확히 말하자면 소개마케팅이 문제가 아니라 핵심은 소개 대상이 내가 타깃으로 하고 있는 그 고액 자산가인가에 있다.

무턱대고 하는 소개마케팅으로는 고액 자산가인 고객을 만날 수 없다. 단, 이미 고액 자산가인 고객을 알고 있다면 추천(Referral)은 매우 효과적인 방법이다. 그런데 고액 자산가는 자신의 지인인 고액 자산가를 같은 은행원(PB)에게 소개하는 것을 다소 꺼리는 경향이 있다. 자신의 자산과 관련된 정보가 혹시나 지인에게 빠져나가는 것으로 극히 싫어하기 때문이다.

또한 특정 소개처(Referral source)에서 고액 자산가를 계속적으로 소개받는 것도 매우 정교한 스킬이 필요한 일이어서 서두에서 소개한 소개마케팅은 일단 활용하지 않기 바란다. 이후 기존 손님에게서 손님을 소개받는 MGM 마케팅을 손님 확장 이론을 통해 설명하고, 소개처를 통해 계속적으로 잠재 고객을 소개받는 방법을 고객 공유(customer sharing) 아이디어를 통해 소개하도록 하겠다.

4대 시중 은행 거래 기준 대략 6만 명 내외의 초고액 자산가(HNWI) 손님을 소개받는 방법은 보험 영업에서 보험을 가입한 고객으로부터 또 다른 고객을 소개받는 방식과는 다르다. 손님 타깃팅(Targeting)이 달라 최소한 고액 자산가 마케팅에서는 활용도가 매우 떨어지니, 부디 이 책을 통해 좀 더 정교한 방법을 찾았으면 한다.

# 나만의 영업 루틴(Sales Routine)

조직 생활을 하면서 '저 사람의 영업 방법은 따라 하지 말아야겠다.'고 생각하신 적이 있으신가요? 그래서 따라 하지 않으셨다면 그분도 당신의 스승입니다.

# 4

# 무모한 도전의 기적

대부분 무모한 영업 시도는 하지 않는다. 그러나 아이러니하게 다른 사람이 잘 하지 않기 때문에 도전을 하는 사람에게는 그만큼 성공 확률이 높아진다. 그리고 실패하더라도 무언가를 배운다는 게 무모한 도전이 기적을 부르는 이유다. 이 무모한 도전이 성공을 부른 몇 가지 사례를 소개한다.

## ⑤ 기적은 무모한 도전이 실패한 이후부터 일어난다

어느 날 경제신문에서 모 가구회사 대표가 법인을 매각했다는 기사를 봤다. 매각 대금이 1천억 원을 넘는 엄청난 금액이라는 것을 확인하고는 먼저 이분에 대한 정보를 수집했다. 혹시 은행 내에 이분과 연결된 직원이 있는지도 알아봤다. 그러나 직접 연결해 줄 수 있는 직원은 찾을 수 없었다. 다만 이분이 주말마다 정해진 시간에 분당 율동공원에서 사모님과 산책을 한다는 정보를 얻을 수 있었다.

이미 유사 거액 M&A을 통해 큰 자금을 받고 사업을 매각(EXIT)한 법인 오너 및 임원들의 유치에 성공한 적이 있었으므로 이 가구회사 대표를 만나고 싶었다. 너무도 만나고 싶다는 욕심에 분당 율동공원을 직접 가 보았다. 무모한 도전을 시도한 것이다. 결과는 예상대로 실패였다. 율동공원이 그렇게 큰 곳인 줄을 모르고 가서는 대표를 만나기는커녕 그의 동선을 예측할 수도 없었기 때문이다.

그런데 기적은 이러한 실패 이후부터 일어나기 시작했다. 잠재 고객인 고액 자산가 손님에 대한 정보를 입수할 때 훨씬 정교하게 접근하게 되었다. 또한 아무리 대단한 자산가를 만나더라도 스스로 자신감을 가질 수 있게 되었다.

결론적으로 "무모한 도전이 기적을 부른다"는 말을 경험할 수 있었다. 아무리 힘든 미팅이 잡혀도 율동공원을 생각하면 그래도 만날 수 있는 미팅이니 얼마나 다행이냐, 만나 보자. 이런 용기들이 기적이라고 생각한다.

ⓢ 무모한 영업? 무리한 영업?

또 하나의 무모한 도전을 소개한다. 보험 영업에 관한 책인 『개척으로 VIP 금융영업 승부하라』(김창수 지음, 리텍콘텐츠)의 내용이다. 이 책의 저자는 대치동 치과원장을 고객화하기 위해 3개월 동안 15번을 방문해서 처음 이야기할 기회를 잡았다. 그런데 다음 날 갑자기 인대파열로 수술을 받게 되어 정작 병원장이 보기를 원할 때 갈 수 없게 되었다. 기회를 놓칠 수 없었던 이 저자는 링거를 뽑고 환자복을 갈아입은 후 불편한 다리를 절룩거리며 병원장을 찾아갔다. 이후 감동한 치과원장은 이 저자의 VIP 고객이 되었다고 한다.

보험사 FC들이 병원원장님들을 타깃으로 영업을 많이 하는 가장 큰 이유는 원장님들은 대부분 진료를 해서 언제나 병원에 가면 만날 수 있기 때문이라고 한다. 이러한 필사적인 보험사 FC 영업을 경험한 원장님들이 은행에서 영업할 때 매우 무리한 서비스를 요구한 적이 있었다.

보험 영업에서나 있을 수 있는 사례라고 생각한다. 일단 은행에서 고액 자산가 영업을 할 때 일반 개원의들은 자산 규모에서 타깃이 아닌 경우가 많다. 설령 자산 규모가 타깃 고객이 되더라도 15번 방문해서 고객화하는 방법보다는 3개월 동안 상호 작용을 하며 잠재 고객에서 가망 고객으로 전환시켜 결국 고객화하는 방법을 추천한다.

위 보험사 FC의 영업 사례는 직접적으로 성과급과 연관되어 영업에 초인적인 힘을 발휘하게 하는 경우라고 생각한다. 좀 더 많은 서비스와 병원장들의 금융 거래 필요성들을 감안할 때, 은행원 입장에서는 무모한 영업이라기보다는 무리한 영업이라고 본다.

## ⑤ 무모한 도전의 첫 번째 타깃 고객

가급적 무모한 도전의 첫 번째 고객은 대상인 잠재 고객 중 자산 규모가 가장 크고 난이도 높은 분을 추천한다. 그 이유는 본인의 첫 고액 자산가 고객의 자산 규모 및 난이도에 따라 향후 본인이 담을 수 있는 그릇의 크기가 결정되기 때문이다. 한 번 만들어진 크기에 좀 더 큰 규모의 잠재 고객을 담으려면 많은 노력과 아픔이 수반되니 꼭 자산 규모가 가장 크고 만나기 어려운 분을 먼저 만나야 한다.

물론 처음부터 이런 무모한 도전을 하면 실패할 확률이 높다. 그런데 정말 신기한 것은 잠재 고객 영업에 있어서 실패는 성공 사례 못지않게 큰 배움과 자신감을 얻을 수 있게 해 준다는 점이다. 사실 성공 사례는 회의 시간이나 연수 등에서 간접 경험이라도 할 수 있지만, 실패에서 얻는 배움은 어디에서도 경험할 수 없는 온전히 자기만의 소중한 자산이다. 아웃바운딩 잠재 고객을 영업할 때 실패에서도 얻을 수 있는 것이 매우 크므로 준비가 조금 덜 되었더라도 무모한 도전을 적극 추천한다.

## ⑤ 긍정적인 생각으로, 질보다는 양으로

영업을 하면서 제일 무서웠던 경험은 아무 일을 하지 않으니 아무런 일도 일어나지 않더라는 것이었다. 영업을 하면서 어느 기간 새로운 일을 벌이지 않으니 정말로 그 이후에는 성과에 있어 아무런 변화가 없을 때가 있었다. 변화 없는 성과를 보면서 순간 공포스럽기도 했던 기억이 있다.

따라서 처음에 무모한 일이라는 생각이 들어도 긍정적인 생각을 가져야 한다. 일단 시도를 했을 때, 또 이런 새로운 일들이 늘어났을 때 일정 기간이 지나고 나면 성과는 자신도 모르게 따라오게 된다. 바로 이것이 진정한 무모한 도전의 기적이 아닐까 생각한다.

영업의 출발은 처음에는 질보다는 양으로 출발해야 한다. 이렇게 출발을 해서 시행착오를 겪다 보면 인간은 누구나 자기만의 질 높은 영업 방법을 터득할 수 있다. 영업은 먼저 긍정적인 생각으로 실행을 하고 이후 해결 방법을 찾으면 된다.

# 나만의 영업 루틴(Sales Routine)

영업에 있어 당신의 가장 무모했던 도전은 무엇인가요? 혹시 아직 없으시다면 가
장 자산 규모가 큰 잠재 고객을 대상으로 바로 시도해 보시죠.

# 5

# 돈 많은 고객보다
# Needs 있는 고객의 중요성

대부분의 세일즈맨인 88%는 세 번 거절을 당하면 더 이상의 시도를 포기한다고 한다. 그런데 나머지 12%의 포기하지 않은 사람이 조직 전체 매출의 80%에 해당하는 성과를 낸다고 한다.

**고객과의 접촉횟수 및 포기율**

- 88%는 3번 만에 포기한다.

- 나머지 12%에 해당하는 포기하지 않은 사람이 전체 매출의 80%를 올린다.

- 성공한 세일즈맨은 미팅 시 반드시 다음 미팅 주제를 개발한다.

위와 같은 데이터를 실제로 경험한 적이 있다. 은행에서 좀 더 하이엔드(Hi-End)에 있는 고액 자산가를 관리할 목적으로 기존 PB 조직 이외에 WM 조직을 신설하여 좀 더 자산 규모가 큰 손님을 관리한 적이 있다. 이 조직에서 세무 전문가로 최초 자산관리 분야에 입문하게 되었는데, 이 조직의 특징은 기존 관리 손님이 아닌 제로 베이스에서 신규 손님을 만들어야 하는 매우 힘든 미션을 가지고 출발했다는 것이다.

WM 조직 초창기에는 PB 중 최고의 성과를 내는 직원들을 모아 영업을 시작하게 해서 대부분 자기만의 방식으로 신규 고객을 증가시킬 수 있었다. 그러나 이후 유능한 PB를 계속 발령받을 수가 없었다. 외부 시장 또는 내부에서도 일반 직원을 대상으로 인력을 보충해 영업을 하게 한 결과, 위의 데이터를 매우 확연하게 확인할 수 있었다.

WM(Wealth Manager)이라고 부르는 영업 인력의 콜 리포트(영업일지)를 분석한 결과, 후반기에 충원된 대부분의 WM이 신규 고객을 최초 만나서 3회 이상의 접촉을 하지 못하고 관계가 단절된다는 것이다. 물론 3회를 초과해서 접촉을 유지하는 신규 손님의 경우는 매우 높은 확률로 고객화가 되었다는 사실도 확인할 수 있었다.

| 접촉횟수 | 포기율 |
|---|---|
| 1회 | 48% |
| 2회 | 25% |
| 3회 | 15% |
| 합계 | 88% |

88%의
세일즈맨은
세 번 접촉 후 포기

(출처: 다트넬-마케팅 리서치회사)

## ⑤ 신규 손님을 개척하는 니즈마케팅

실제 PB로 영업을 하면서 고객을 만나 고객화하는 과정에서 세 번 이상 반복해 만나는 것이 매우 힘들다는 것을 알게 되었다. 그래서 이를 극복하기 위해 만든 방법이 니즈마케팅이다. 설명하자면, 고객과 만나 상담하는 30분 내외의 시간 동안 반드시 고객의 현재 니즈를 파악하는 것이다. 이처럼 빨리 고객의 니즈를 파악하기 위해서는 본인에게 가장 친숙한 고객 집단이 필요하고 본인이 가장 잘 알고 있는 전문 업무 분야가 필요하다. 이를 자산관리 신규 손님 개척에 있어 특화(Specialization) 이론이라 부르고 정리하였다.

신규 고객 마케팅을 할 때 후배들에게 언제나 하는 말이 "돈 많은 사람을 찾지 말고 니즈 있는 사람을 만나라!"이다.

예를 들어 설명해 보면 나의 특화 손님 분야는 '기업 오너'이고 전문 업무 분야는 '세금'이다. 회계사 출신으로 은행 입사 후 IB 업무 경험을 통해 자연스럽게 기업에 친숙하게 되었다. 자산관리 영업을 하면서 기업 오너를 좀 더 편하게 만날 수 있었으며 세무 전문가 경험은 세금 분야에서 좀 더 깊이 있는 경험과 지식을 가질 수 있게 만들어 주었다.

　나만의 특화 손님 집단과 전문 업무 분야가 있으면 짧은 상담을 통해서도 빠르게 손님의 니즈를 파악할 수 있다. 이렇게 파악된 니즈가 있으면 자연스럽게 다음번 상담 기회가 생길 확률이 매우 높아진다. 러시아 속담에 "숲을 거닐어도 땔감을 발견하지 못한다."는 말이 있다. 본인이 어떤 분야에 지식이 없으면 아무리 손님이 니즈를 말해도 기회를 잡을 수 없다. 만약 어떤 업무 분야에 전문 지식이 있다면 손님의 잠재 니즈까지도 개발해 낼 수 있으니 얼마나 많은 상담 기회를 가질 수 있겠는가?

　특정 신규 손님을 만났을 때 당장 니즈 파악이 힘들다면 유사 손님 집단의 잠재 니즈를 부각시켜 다음번 상담 기회를 자연스럽게 만들어야 한다. 니즈 해결을 위한 반복적인 만남은 매우 높은 확률로 신규 고객을 잠재 고객에서 가망 고객 단계로 만든다. 결국 고객화를 가능하게 만드는 검증되고 가장 확실한 방법이다.

　반대의 경우를 생각해 보자. 만약 PB가 기업에 대해 별로 친숙하지 않고 특별한 전문 업무 분야도 없는 경우에는 때마침 기업 오너가 자산관리에 대한 특별한 니즈가 있지 않고는 자칫 어렵게 성사된 미팅의 기회가 일회성으로 끝날 확률이 높다. 그다음 단순히 인사드리기 위해 찾아간다고 해도 인사할 기회는 3회를 초과하기는 힘들다. 필사적으로 영업을 하는 보험회사 FC처럼 계속해서 기회를 만들기란 쉽지 않을 것이다.

기업 오너 집단이 자산관리 영업에 있어 얼마나 훌륭한 집단이며 세금이라는 전문 분야가 고액 자산가 영업에 있어 얼마나 활용도 높은지는 다음 장에서 사례를 통해 자세히 설명하고자 한다.

## 나만의 영업 루틴(Sales Routine)

새로운 손님을 소개받아 처음 인사를 드리고 이후 어떠한 방법으로 이 손님과 계속적인 관계를 유지하시나요?

# 6

## 모든 일의 성공 열쇠 '열정'

　30년 가까운 은행 생활을 하는 동안 나름 성공했다고 하는 위치까지 승진하신 분들을 보아 왔다. 동료 혹은 업무 관련 부서 담당자로서 일을 같이해 봤기에 그들의 공통적인 특징 하나로 열정(Passion)을 가지고 있다는 것을 알 수 있었다. 근무한 은행에서도 직원들의 역량 평가 지표 중 제일 먼저 나오는 역량 부문이 열정이다. "목표를 명확히 하고 실패를 두려워하지 않는 도전 정신, 할 수 있다는 적극성과 주인 의식으로 업무에 매진하여 시작한 일을 완벽하게 마무리하기 위해 최선을 다한다."로 열정이라는 평가 지표를 설명하고 있다.

　PB 영업에서도 성과가 높은 사람의 특징 중 하나가 바로 '열정'이다. 과거 WM 본부에서 신규 PB를 채용하는 업무를 담당한 적이 있다. 그때 PB 채용 후 성과를 비교해 보니 면접 대상자의 과거 경력 중에 바로 이 열정을 찾을 수 있는 한 줄을 찾는 것이 매우 중요하다는 것을 알게 되었다.

　회계사 출신으로 자산관리 경력이 다소 적었던 PB가 있었다. 그

분은 골프를 '티칭프로' 자격을 취득할 때까지 열정으로 도전하였고, 출중한 골프 실력이 PB 영업에 큰 도움이 되었다. 물론 골프 실력 하나만으로 어떻게 PB 영업 성과를 만들었겠는가? 보통 사람과는 다르게 골프 하나에도 열정적으로 도전하는 그 자세가 그를 다른 면에서도 뛰어난 열정을 발휘하게 했을 것이다.

또 하나의 사례를 소개한다. 나와 비슷한 나이에 WM 본부 초창기 기획부터 여러 업무를 담당했던 분이 있다. 이때 세무 전문가로 업무를 하면서 그의 여러 업무 진행 과정을 지켜볼 수 있었다. 그분은 한마디로 말하면 '열정이 있다.'라고밖에는 표현할 수 없을 정도로 열심히 맡은 업무를 처리했다. 그런데 그가 영업 업무를 하고 싶다고 지망을 해 아무런 경험이 없는데도 PB 업무 발령을 받은 적이 있다. 물론 당시 많은 선배 PB들이 성과에 대한 의문과 염려를 가지고 있었던 것도 사실이다. 그러나 그는 보란 듯이 일정 적응 기간을 지내고 난 이후, 수십 년 PB 업무를 해 왔던 다른 선배보다 훨씬 뛰어난 성과를 만들어 냈다. 물론 지금도 증권사에서 성공적으로 PB 업무를 하고 있다.

### 열정만 한 스펙은 없다!

'열정이 있다면 당신은 무슨 일을 하든 성공에 좀 더 가까이 서 있다.'는 문구가 있다. 열정을 놓지 말라는 뜻을 마음에 새기고 직원들과 일을 하면서 이 열정을 불러일으키게 하려고 많은 노력을 하고 있다. 지점에서 필요한 기간계약직 직원을 채용할 때도 이력서와 면접을 통해 직원이 가진 열정 하나를 발견하는 데 최선을 다한다. 그리고 이제 나름 열정을 찾는 확실한 눈매를 갖추었다고 자부한다.

요즘 대부분 기업에서 연공서열을 파괴하며 바로 이 열정이 탁월한 젊은 리더들을 선발하여 최근 디지털 시대의 변화를 준비하고 있다. 시중 은행에서 시작해 후발 은행에 합병되는 변화를 겪었던 세대에게는 과거 시중은행 시절에 비교하면 상전벽해(桑田碧海)의 변화라고 생각한다. 다만 이러한 변화를 보면서 한 가지 아쉬운 점이 있다. 열정이 탁월한 사람을 찾기 위해 나이를 따지지 않는 것도 좋지만, 이를 바로 찾기가 힘들 때 나이가 젊을수록 열정이 더 많을 것이라고 생각하는 것이다.

이 열정의 어두운 면도 하나 소개하고 싶다. 이 열정이라는 놈이 간혹 정상적인 인성을 갖추지 못한 사람에게서 발현되는 경우에는 최악의 상황이 초래될 수도 있다. 요즘 리더 인사를 살펴보면 대상자의 평판 조회를 어찌나 철저히 하는지 한결같이 제대로 된 인성을 갖춘 것 같고, 특히 상위 지위로 올라갈수록 더욱 그러한 것 같다. 그러나 과거에는 꼭 그랬다고는 할 수 없을 것 같다. 제대로 된 인성을 갖추지 못한 사람이 열정을 가지고 일하게 되면 주위 동료나 관계자들이 참 힘든 경우가 많다. 특히 이런 사람이 열정을 통해 승진까지 하게 되면 정말 조직에는 매우 심각한 일들이 발생하고 직원들은 정신적으로 매우 피폐한 생활을 하게 된다.

직장 생활을 하신 분들은 대부분 경험해 봤을 것이다. 열정이라는 것이 매우 중요한 것임엔 틀림없지만 진정 조직과 동료 직원들을 위한다면 훌륭한 인성을 갖추는 것도 더더욱 중요할 것이다.


## 나만의 영업 루틴(Sales Routine) ⚿

당신은 무슨 일을 할 때 가장 열정적인가요? 해야만 하는 일을 하고 싶은 일로 만드는 사람의 공통점은 열정이 있다는 것입니다.

# 7

## 감성 지향형 직원과
## 논리 지향형 직원

　과거 자산관리 부서에서 PB들의 채용과 교육 관련 업무를 담당한 적이 있다. 어떤 직원을 채용해서 어떤 교육을 시켜야 훌륭한 성과를 내는 PB를 만들 수 있는가가 가장 큰 숙제였다. 이 숙제의 해결을 위해 해외 벤치마킹 연수를 가서도 이와 관련된 부서 담당자를 별도로 만나는 등 많은 노력을 했던 경험이 있다.

　그러던 중 AMEX 자산관리 파트 인사 리쿠르팅 총괄 임원과 미팅을 하게 되었다. 그와의 만남에서 가장 공감이 가는 이야기를 나눌 수 있었다. 이때 얻은 힌트가 자산관리 담당자를 채용할 때 과거 관련 경력 등은 중요한 고려 사항이 아니라는 것이다. 다만 자산관리 담당자로서 얼마나 적합한 성향을 가지고 있느냐가 중요한 고려 사항이라는 것이다. 어떤 성향이 자산관리 담당자로서 적합한 성향인지 다시 질문하였으나, 이 부분은 오랜 시행착오를 거쳐 나온 자기들만의 노하우로 더 이상 자세한 설명은 해 줄 수 없다고 했다. 한 가지만 이야기해 준다면 'Teaching' 관련 경력 및 능력을 매우 높게 평가한다고 하였다.

교육과 관련된 능력은 당시에도 충분히 공감이 가는 답변이었다. 정보의 비대칭이 매우 심한 자산관리 업무 특성상 모르는 상품과 각종 금융 정보를 고객에게 쉽게 설명하는 능력은 매우 중요하기 때문이다. 그렇다면 그때 다 밝히지 않았던 자산관리 담당자의 적합한 성향이란 무엇이었을까? 이 해답은 직접 영업을 시작하고 자산관리 담당 PB를 평가해야 하는 자리에 가서야 찾을 수 있었으며, 여기에서 소개하고자 한다.

PB 성향별 특징 비교

| 논리 지향형 | 감성 지향형 |
| --- | --- |
| 교육을 통한 지식의 축적으로 만들어지는(후천적) 성향 | 경험을 통해 스스로 인지하게 되어 만들어지는(비교적 선천적) 성향 |
| 주로 남성형 | 주로 여성형 |
| 신규 손님 개척 시 필요 | 기존 손님 관리에 더욱 필요 |
| 증권업 WM 좀 더 필요 | 보험사 FC 필요 성향 |
| Needs & Solution 마케팅에 적합 | Micro value 마케팅에 적합 |
| 콘텐츠(Contents) 중요 | 스토리(Story) 중요 |
| "참 똑똑한 사람이다" | "사람을 참 편하게 해 준다" |

보통 영업을 하는 사람의 성향은 논리 지향형과 감성 지향형으로 구분할 수 있다. 먼저 논리 지향형인 사람은 교육을 통한 지식의 축적으로 만들어지는 비교적 후천적 성향이라고 정의할 수 있다. 주로 남성들에게서 많이 발견되며, 신규 손님을 개척할 때 꼭 필요

한 성향이다. 금융기관 중 증권업 WM에게 좀 더 맞는 성향이다. Needs & Solution 마케팅에 적합하며 스토리와 콘텐츠 중 콘텐츠를 더 중요하게 생각한다. 이러한 논리 지향 지수가 높은 사람은 주로 "참 똑똑한 사람이다."라는 평가를 많이 듣는다. 또한 상담 시에도 PT를 자주 이용하든지 격식을 갖춘 사각 테이블의 맞은편에서 미팅하는 것을 선호한다.

다음으로 감성 지향형인 사람은 경험을 통해 스스로 인지하게 되어 만들어지는 비교적 선천적 성향이라고 정의할 수 있다. 주로 여성들에게서 많이 발견되며 기존 손님을 관리할 때 좀 더 필요한 성향이다. 금융기관 중 보험사 FC에게 꼭 필요한 성향이며 Micro value 마케팅에 적합하다. 스토리와 콘텐츠 중 스토리를 더 중요하게 생각한다. 감성 지향 지수가 높은 사람은 주로 "사람을 참 편하게 해준다."라는 평가를 많이 듣는다. 또한 상담 시에도 라운딩 테이블의 손님 옆쪽에서 약간의 접촉(Touch)이 가능한 미팅을 선호한다.

이상 두 가지 성향을 평가하기 전에 관련 성향에 대한 신병철의 『설득 없이 설득되는 비즈니스 독심술』(2021, 휴먼큐브)의 정의들을 확인해 보도록 하자.

- "사람은 논리로 시작해서 감성으로 판단하는 존재이다."
- "소비자는 새로움을 타고 들어와서 익숙한 대안을 선택합니다."
- "이성적 내용을 감성적 방법으로 소통해야만 고객의 마음 속으로 들어가 고객을 만족시킬 수 있다."

이제 여러분들도 위 두 가지 성향에 대한 평가가 어느 정도 가능할 것으로 본다. PB가 손님을 처음 만나서 고객화할 때는 반드시 논리적으로 접근해야 한다. 다만 이미 고객화가 되었다면 감성적으로 관리할 수 있어야 좀 더 큰 성과를 만들어 낼 수 있다. 그러면 이 두 성향은 서로 어떤 관계에 있을까? 답을 먼저 말하면 서로 독립적인 관계라고 말하고 싶다.

논리 지향 지수가 높으면 감성 지향 지수가 낮은 것이 아니다. 실제 PB를 이 두 가지 성향으로 분석해 보면, 어떤 PB는 이 두 지수가 모두 높게 나오기도 한다. 당연히 이런 PB는 모든 성과가 매우 우수한 경우가 대부분이다. 그런데 어느 한 지수만 상대적으로 높게 나타나는 PB들의 경우 분석이 필요하다. 경험적으로 논리 지향 지수만 높게 나타나는 PB들의 성과는 매우 굴곡이 심한 편이다. 오히려 감성 지향 지수가 높은 PB가 성과에서 꾸준히 상위권을 점하는 것을 볼 때, 일단 PB에게 좀 더 필요한 것은 감성 지향 성향이라고 할 수 있다.

이제 과거 AMEX 인사 담당 임원에게서 듣지 못한 답변을 "감성 지향형 직원을 채용해서 논리 지향형 직원으로 키웁니다."라고 쓰면 될 것 같다. 감성 지향 성향은 주로 타고난 경우가 많으며 각자의 특수한 경험 등을 통해 발현되는 경우가 많으므로 노하우가 집결된 성향을 분석한 설문이나 질문 등을 통해 찾아내야 한다. 이 성향이 높은 사람을 우선해서 PB로 채용하고 논리 지향형 직원으로 성장할 수 있도록 교육 프로그램을 마련하는 것이 정답이라고 결론을 내리고 싶다.

물론 논리 지향형과 감성 지향형으로 성향이 나뉘는 PB들을 한 지점에 혼합 배치해 신규 손님 개척과 기존 손님 관리로 좀 더 업무를 세분화하는 것도 좋은 방법일 것이다.

## 나만의 영업 루틴(Sales Routine)

당신은 논리 지향형 또는 감성 지향형 중 어느 쪽 성향에 더 가까우신가요? 100점 만점으로 본인의 성향에 자기의 점수를 적어 보세요. 두 성향 점수가 모두 100에 가깝다면 신규 고객 창출과 기존 손님 관리 모두 완벽하신 분입니다.

# 8

## 콘텐츠보다 중요한 스토리

   여러분에게 강의와 강연의 차이를 생각해 본 적이 있는지 묻고 싶다. 강의는 지식과 정보의 제공을 목적으로 한다. 반면 강연은 설득과 공감을 목적으로 한다. 그럼 고객을 만날 때 자산관리자는 어떤 모습으로 보일까? 짧은 시간 동안 잠재 고객에게 내가 줄 수 있는 가치를 공감시키고 향후 나와의 거래를 설득시켜야 하는 영업 과정에서 단순히 내가 가지고 있는 지식과 정보를 제공하는 방식으로는 성과를 얻기 힘들다. 상상해 보라. 여러분이 고객이라 생각하고 은행 PB가 나와의 거래를 설득하러 와서 일장 강의를 하고 간다면 어떻겠는가?

### ⑤ 콘텐츠보다는 스토리가 중요한 이유

   세무 전문가 출신 PB로 콘텐츠보다는 스토리가 중요하다는 것을 영업 과정에서 언제나 느낀다. 예를 들어 보겠다. 개인적으로 '상속'이라는 이벤트를 매우 중요한 영업의 계기로 활용하고 있다. 상속이라는 이벤트가 PB 영업에 있어 중요한 이유는 상속이 고액 자산가를 선별해 주는 일종의 필터 역할을 하기 때문이다. 상속세를 고민하는 사람은 재산이 일정 규모 이상이다. 10억 원을 상속해도 배우자와 자녀가 있다면 세금이 없고, 상속 재산이 30억 원을 넘지 않으면 배우자 공제 등으로 50% 미만의 세율이 적용된다. 물론 요즘은 아파트 가격이 너무 올라 대부분 강남 아파트 소유자는 상속세 부담이 커지기도 했으나, 그래도 50% 이상 세율의 상속세를 고민하는 사람은 고액 자산가라고 볼 수 있다.

명량해전이 있었던 울돌목을 아시는가. 여기에 가면 숭어를 잡는 사람들을 볼 수 있는데, 특이한 것은 낚시나 그물이 아닌 뜰채로 숭어를 잡는다는 것이다. 울돌목 가장자리, 특히 물살이 빠른 길목을 지키고 있다가 튀어 오르면 잡아채는 방식으로 숭어를 잡는다. 바로 이 길목이 숭어가 이동하는 길목이기 때문이다. 바로 상속이 이런 길목이다. 특히 이 길목에는 일정 규모 이상의 고액 자산가만 지나가기 때문에 PB 영업에는 정말 최고의 길목이 아닐 수 없다.

이 영업 길목을 다른 PB들과 함께하고자 상속 관련 영업 노하우를 정리해서 다른 PB들에게 공유한 바 있다. 그러나 큰 활용도를 느끼지 못하는 것 같았다. 과연 이유는 무엇일까? 상속의 영업적인 중요성 정도는 전달되었으나 바로 핵심인 상속 관련 영업 스토리가 아직 전달되지 않았기 때문이다. 상속세법을 아무리 잘 알고 있어도 상속인을 설득하는 영업 과정에서는 이를 탁월하게 스토리화하여 고객에게 전달해야 한다. 이 스토리가 당시 완전히 전달되지 못했던 것이다.

상속세법 자체는 콘텐츠라고 할 수 있다. 우리가 이를 고객에게 전달할 때는 강의하듯 지식과 정보를 그대로 전달해서는 안 된다. 상속 영업에서 터득한 고객 설득 포인트들을 잘 정리해서 실제 사례들을 스토리화하여 전달해야 상속 영업의 성과를 거둘 수 있다.


$ⓢ$ 롤 플레잉(연습)이 중요한 이유

상속에 있어 바로 이 고객 설득 포인트는 '상속 재산 분배'와 '상속세 세무조사'이다. 이 두 가지 포인트는 사실 세법 책에는 별로 나온 내용이 없다. 그러나 고객은 상속에서 이 두 가지 포인트에 대해 제일 관심이 많고 듣고 싶어 한다. 사실 스토리는 문자로 전달하는 것보다는 강연을 하듯이 상대의 반응을 보며 말로 맛깔나게 전달하는 것이 더 효과적이다.

해외 금융기관 벤치마크 연수 때 자주 볼 수 있는 것 중 하나가 새로 출시된 투자 상품에 대한 판매 롤 플레잉이다. 투자 상품의 판매에 앞서 세일즈에 가장 중요한 스토리를 사전에 정리해서 고객에게 판매하기 전 직원들끼리 서로 역할을 바꿔 가며 판매 연습을 해 보는 것이다. 맞다. 스토리는 연습을 하면 할수록 좀 더 자신 있고 설득력 있게 상대에게 전달되는 특징이 있다. 이러한 이유로 스토리는 머리로만 생각할 것이 아니라 반드시 연습을 해 보고 직원들 미팅 때에도 말로 표현해서 다른 직원들의 의견을 들어 보는 것도 중요하다.

새로운 투자 상품을 판매할 때 먼저 투자 상품 내용을 충분히 분석하고 나만의 표현으로 손님에게 전달할 스토리를 개발해야 한다. 대부분의 손님은 투자 상품 내용 자체보다는 PB가 왜 추천하는지 이유를 듣고 투자 여부를 결정하기 때문이다.


## 나만의 영업 루틴(Sales Routine)

당신이 손님과 상담을 할 때 자주 사용하는 '스토리'는 무엇인가요? 어떤 스토리에 손님이 가장 공감했는지 적어 보고, 이 스토리를 동료 직원과 공유해 보세요. 우리만의 영업 무기 하나가 만들어집니다.

Ultra High Net Worth Individuals

Chapter

*3*

# 고액 자산가
# 신규 고객 창출
# 4대 이론

U H N W I

# 1

## 특화(Specialization)
## 이론

　이번 장에서는 관계마케팅에서 다루지 않고 있는 신규 고객을 꾸준히 증가시킬 수 있는 방법을 4가지 이론으로 정리해서 설명하고자 한다.

　첫 번째로 '특화이론'이다. PB 영업에 있어 전문화 또는 특화를 해야 하는 영역은 두 가지다. 하나는 본인의 지식과 경험이며 나머지 하나는 고객 집단이다. PB가 이 두 가지 영역에서 전문화 또는 특화가 이루어져 있을 경우, 손님을 만나 고객화를 이루어 내는 확률이 높아짐을 이미 경험을 통해서 검증하였다. 이 이론을 본인에게 적용해 보고, 혹시 아직 이 전문화한 두 가지 영역이 없다면 꼭 본인만의 전문 영역에서 지식 쌓기를 먼저 권한다.

**특화 이론의 구조**

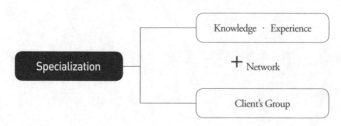

## ⑤ 지식(Knowledge)과 경험(Experience)의 전문화

　신규 고객을 처음 만날 때 고객의 최소 기대를 충족시키기 위해 PB의 기본 소양과 지식 등이 중요함을 설명한 바 있다. 그런데 PB가 어느 한 분야에 전문가적인 지식과 경험이 있으면 신규 고객을 처음 만난 후 3회를 초과하여 계속적인 만남과 관계를 유지할 수 있다. 결국 고객화를 성공하는 데 더욱 유리하다. 우리가 최초 신규 고객을 만나 고객화하는 과정을 통해 설명하고자 한다.

　신규 고객을 다른 사람의 소개나 특별한 니즈가 있어 만나는 경우가 아니라면, 처음 만남에서 짧은 시간에 고객의 관심 니즈를 찾아야 한다. 니즈를 찾지 못하더라도 다음번 추가 미팅을 갖기 위한 노력을 한다. 다음번 미팅을 가능하게 해 줄 고객 니즈가 발견되지 않으면 아무래도 고객화될 확률은 떨어질 수밖에 없다. 이러한 니즈의 발견은 신규 고객 미팅에서 정말 중요한 과제이다. 그런데 어떤 한 분야에 전문가적인 지식과 경험을 가지고 있다면 당장 고객이 이 분야에 니즈가 없다고 할지라도 잠재 니즈 개발이 가능하다.

　예를 들어 PB가 세금에 전문 지식과 경험을 가지고 있다고 가정하자. 처음 만난 신규 손님이 딱히 별다른 니즈를 말하지 않더라도 나이나 직업, 가족 구성 등을 파악하게 되면 유사한 사람들이 가질 수 있는 세금 관련 니즈를 부각시킬 수 있다. 그러면 고객도 깨닫지 못했던 세금과 관련된 잠재 니즈를 개발할 수 있다. 이처럼 고객 본인이 직접 니즈를 말하지 않는 상황에서 새로운 잠재 니즈를 개발하기 위해서는 보통의 미팅에서 자주 듣지 못한 경험을 말해 주어야 한다. 개발한 스토리를 중심으로 고객의 귀에 정말 솔깃한 내용을 전달할 수 있어야 한다. 바로 이러한 고객 니즈 개발 능력의 차이가 PB의 경력 또는 능력 차이라 할 수 있다. 신규 고객을 개척하는 과정에서 본인만의 전문화된 분야가 있다면 고객 니즈 개발 능력을 월등히 높일 수 있다.

이러한 사례를 들어 설명하지 않더라도 우리는 얼마든지 전문 분야가 있으면 PB 영업 및 고객 관리에 있어 유리한 점이 많다는 것은 쉽게 이해할 수 있다. 다만 다른 PB들보다 좀 더 깊이 있는 지식과 경험을 갖는 것이 좋다. 물론 쉬운 일은 아니다. 그러나 이러한 중요성을 인식했다면, 그리고 본인이 아직 전문 분야가 없다면 고객 관리에 필요한 영역 중 본인이 가장 관심 있고 본인의 과거 경력이나 경험을 고려하여 친숙한 분야를 선정해 보자. 이 글을 읽고 바로 선정하시기를 적극 권유한다.

▶ 세금

그렇다면 고액 자산가의 자산관리에 있어 가장 많이 필요하고 내가 관심을 가져야 할 영역은 무엇인가? 이미 PB가 되는 과정에서 기본 지식으로 공부했던 바로 그 분야이다. 세금, 부동산, 자산관리 분야가 가장 많이 활용되는 분야인데 처음 전문 분야를 만들기 위해서는 각 분야의 아주 작은 파트부터 관심을 갖는 것이 좋다. 예를 들어 세금 분야를 전문화하고 싶다면 처음부터 세금 전 분야에 관심을 갖기보다는 고액 자산가 관리에 있어 가장 활용도가 높은 상증세 한 분야에 먼저 관심을 갖고 지식과 경험을 쌓아 나가기를 추천한다.

▶ 부동산

부동산도 마찬가지이다. 내가 관심이 있고 잠재 고객이 가장 들고 싶어하는 분야를 선정해야 하는데, 전문 분야로 수익용 부동산을 권유하고 싶다. 주택은 모든 자산가가 가지고 있어 오히려 관련된 금융 지식이 좀 더 필요한 분야라고 생각할 수 있다. 그러나 PB가 개척해야 하는 잠재 고객은 수익용 빌딩을 가지고 있을 확률이 높다. 이 분야를 전문화하여 자연스럽게 내가 목표 고객으로 삼은 고액 자산가의 니즈를 발굴해 주거나 고액 자산가를 선별해 만날 수도 있다.

▶ 자산관리

자산관리 분야는 더욱 그러하다. 채권, 주식, 대체 자산 등 다른 PB들이 아는 일반적인 내용이 아닌 좀 더 깊이 있는 지식과 경험이 필요하다. 같이 근무했던 직원들의 예를 들면, 신탁 부서에서 직접 주식을 운용했던 경험을 전문화한 PB도 있다. 펀드 관련 부서에서 다른 직원들이 경험하지 못한 자산운용사와의 관계로 알게 된 우월한 정보를 활용한 직원도 있다. 그 직원은 이 분야에서 남들보다 한발 빠른 의사 결정을 통해 고객과의 새로운 관계를 만들어 갔다.

이제 머릿속에 내가 전문화하고 싶은 어떤 한 분야가 떠오르셨기를 바란다. 물론 위에서 말한 세 가지 분야가 아니어도 좋다. 만약 뒤에 설명할 기업 오너를 특화해서 관리하는 PB라면 기업과 관련된 어떤 분야를 전문화해도 좋다. 기업 여신, 가업 승계, 기업 관련 IB 영역 등 나의 목표 고객이 관심이 있는 분야면 좋다. 중요한 것은 경쟁하는 다른 PB보다 좀 더 깊이 있는 내용을 알아야 한다는 것이다.

▶ 네트워크

최근 들어서는 어떤 전문 분야를 선택할 때 관련 분야 최고 네트워크(Network)를 가지고 있어야 한다고 강조한다. 이유는 전문 분야의 계속적인 정보 업데이트를 통해 고객이 관련 분야 솔루션을 원할 때 최상의 서비스를 제공해야 하기 때문이다. 최근처럼 사회 변화가 빠르고 기술이 발전되면서 전문 분야의 정보도 변화하는 시대에 내가 그 분야에 전문가로 계속 활동하지 않는 한 따라잡기 힘든 일들이 너무 많아졌다. 따라서 PB 활동을 하면서도 어떤 분야의 전문성을 계속 유지하는 제일 좋은 방법은 그 분야 최고 전문 네트워크를 가지고 있는 것이다.

# 나만의 영업 루틴(Sales Routine) △

    고액 자산가의 자산관리에 있어 가장 많이 필요하고 관심을 가져야 할 영역은 PB가 되는 과정에서 기본 지식으로 공부했던 세금, 부동산, 자산관리 분야입니다. 당신의 전문 분야는 무엇인가요? 아직 없다면 전문화하고 싶은 분야가 있나요?

## ⑤ 고객 집단(Client's Group)의 특화

"돈 있는 사람이면 모두 관리하지, 뭐."라고 말할 수 있지만 신규로 잠재 고객을 개척하는 단계에서는 본인만의 특화 관리 고객 집단이 있으면 매우 유리하다. 다른 경쟁자보다 짧은 시간에 나의 가치(value)를 고객에게 인지시켜야 하는 상황에서 내가 잘 알고 관리하고 있는 고객 집단을 만난다면 훨씬 설득력 있는 대화가 가능하기 때문이다.

이러한 특화 관리 고객층은 나의 관심 분야, 관련 지식 수준, 그동안의 인맥 등을 고려하여 정하면 된다. 예를 들어 프로 운동선수, 스타 연예인, 특이하게 은퇴한 시니어 기업인 등을 본인의 특수한 인맥을 통해 특화 관리하는 분도 있고 스타트업 기업인을 특화 관리하여 성공한 분도 있다. 모 그룹사 경영인의 친인척 출신인 PB는 중견기업 오너 2세들을 특화 관리한다. 이러한 특화 관리 고객층을 가지고 있으면 시간이 갈수록 더욱 잠재 고객 집단은 커지고 그들만의 특수한 내부 정보들이 공유되면서 새로운 잠재 고객을 만나기가 더욱 쉬워진다.

그러나 이런 영업을 해 오지 않은 보통의 은행원 입장에서는 딱히 특화 관리 고객층을 정하기가 쉬운 일은 아니다. 바로 이런 경우에는 주저하지 말고 '기업 오너'를 선택했으면 한다. 기업 오너는 두말할 것 없이 은행에 가장 큰 부가가치를 창출해 주는 집단이기 때문이다.

먼저 고객으로서 기업 오너는 상당수 공개되어 있는 기업 재무제표를 통해 사전에 많은 정보를 알고 접근할 수 있다는 장점이 있다. 일반 개인 자산가와 달리 개인뿐만 아니라 법인과 관련된 니즈도 발견할 수 있어 초기 고객을 개척할 때 2회, 3회 미팅을 반복할 가능성이 훨씬 높다. 만남과 관계가 유지되면 실제 고객화 성공률이 매우 높은 집단이다. 물론 신규 고객 마케팅을 하는 담당자가 개인과 법인의 니즈를 자유롭게 발굴해 낼 수 있는 지식과 실력이 있어야 한다는 전제하의 이야기이다.

다음으로 기업의 오너를 고객화하면 오너 개인뿐만 아니라 법인과 관련된 각종 금융 거래를 유치할 수 있다. 관계가 좀 더 심화되면 법인의 임직원에 대한 마케팅도 가능하므로 가히 '일타삼피' 정도의 효과가 있다고 말할 수 있다.

물론 은행의 기업여신 담당자가 기업의 CFO 또는 자금 담당 부장을 접촉해서 기업 대출 영업을 하는 기존의 방식보다는 조금 힘들다. 하지만 PB의 영업 방식인 기업 오너를 직접 만나 일정 기간 신뢰를 쌓아서 고객화를 하고 난 후 법인 대출 영업을 진행했을 때 훨씬 수월하게 법인 영업이 가능하다는 것은 이미 검증된 사실이다.

PB 선배들에게서 아웃바운딩 영업과 관련하여 전해 내려오는 명언이 있다. "개를 만나지 말고 개 주인을 만나라!"는 것이다. 우리가 법인의 주인을 만나지 못하고 영업을 했을 경우를 생각해 보라. 의사결정권이 없다 보니 시간과 노력이 배가된다. 개 주인을 만나서 영업하면 초기에는 좀 더 노력과 스킬이 필요하지만, 이 고비만 넘기면 법인에서 은행원은 '개 주인과 같은 대우를 받으며' 영업을 해 나갈 수 있다. 아마 이 부분이 기업금융담당자(RM)가 자산관리자(PB)에게서 배워야 할 최고의 스킬이며 이러한 스킬을 터득한 기업금융담당자(RM)는 은행 최고의 무기를 겸비한, 영업이 두렵지 않은 양손잡이 은행원이 될 수 있을 것이다.

이러한 기업 오너의 가치를 인지한 여러 금융기관은 한곳에서 기업 오너의 개인 및 법인을 동시에 관리해 주는 특화 센터들을 만들고 있다. 소위 'PIB'라 칭하고 영업을 확대하고 있는 사례를 보면, 기업 오너가 금융기관에 얼마나 가치 있는 집단인지는 더 이상 말할 필요가 없을 것이다. 최근 금융기관 디지털화 과정을 보더라도 결국 은행에 오프라인으로 남는 영역은 기업대출과 고객자산가 자산관리 부문인 것을 보면 이 두 가지 영역을 모두 충족시킬 수 있는 집단인 기업 오너는 RM, PB 모두에게 가장 가치 있는 집단임에 틀림없다.

## 나만의 영업 루틴(Sales Routine) △

당신이 관리하는 특화 고객 집단이 있나요? 아직 없다면 당신이 가장 관심 있는 고객 집단은 무엇인가요?

# 2

# 고객기반 확장(Customer-based Expansion) 이론

신규 고객을 꾸준히 증가시킬 수 있는 방법인 두 번째 이론을 소개하고자 한다. 고객기반 확장 이론으로, 기존에 관리하고 있는 고객을 활용하는 방법이다. 기존 고객을 이용해서 신규 고객을 늘리는 방법에도 두 가지가 있다. 하나는 대부분 활용하고 있는 기존 고객의 지인을 소개받는 것으로 고객 기준 수평적 확장(Horizontal Expansion)이며, 나머지 하나는 기존 고객의 부모와 자녀 세대, 친인척 등으로 확장하는 수직적 확장(Vertical Expansion)이다. 이 장에서는 이 두 가지 방법을 사례를 통해 설명함으로써 이 책을 읽는 PB들이 기존 고객 확장 사고의 틀을 넓힐 수 있도록 돕고자 한다.

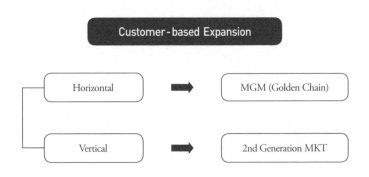

## ⓢ 수평적 고객기반 확장(Horizontal Customer-based Expansion)

이 방법은 대부분의 PB가 신규 고객을 늘리기 위해 가장 많이 활용하는 것으로, 기존 고객의 지인을 소개받는 것이다. 고액 자산가의 지인도 고액 자산가일 가능성이 높으므로 비교적 검증된 신규 고객을 증대하는 방법이라고 할 수 있다. 우리는 이를 MGM(Member Gets Member)이라고 하는데, 해외 자산관리 금융기관 PB들도 이를 '골든 체인(Golden Chain)'이라고 부르며 신규 고객 증대 방법으로 가장 많이 활용하고 있다.

그러나 널리 알려진 이 방법을 전혀 활용하지 못한 PB가 있는가 하면, 활발히 활용하여 큰 성과를 만들어 내는 PB가 있다. 그 차이는 무엇일까? 기존 고객이 지인을 소개하기 위해서는 기본적으로 담당 PB의 서비스가 매우 만족스러워야 하기 때문에 기존 고객을 잘 관리하는 PB가 우수한 성과를 만들어 내는 경우가 많다. 다만 MGM이 잘 이루어지기 위해서는 또 다른 노력 하나가 더 필요하다. 상당수 고액 자산가는 지인을 같은 PB에게 소개하는 것을 다소 탐탁지 않아 한다. 아무래도 본인의 자산 내역 등 그 어떠한 것도 주위에 알려지는 것을 바라지 않기 때문일 것이다.

이러한 고액 자산가들의 성향을 이해한다면, 먼저 비교적 주위 사람 소개에 주저함이 없는 고객들을 찾아야 하는데, 우리는 이런 부류를 흔히 '빅마우스(Big Mouth)'라고 부른다. 비교적 성격이 호쾌하고 주위 친구들이 많고 본인이 속한 모임에서도 오피니언 리더

(Opinion leader)로서의 역할을 많이 하시는 분들이다. 이런 고객을 만나는 것도 큰 행운이지만, 이런 고객을 잘 관리해서 좋은 관계를 유지하고 있다고 할지라도 PB가 반드시 잊지 말아야 하는 것이 있다. 바로 고객 지인의 소개가 꼭 필요하다는 것을 자연스럽게 자주 주지시켜야 한다는 점이다. 말하지 않으면 기존 고객은 본인이 주위 지인을 소개하는 것이 PB에게 얼마나 소중한 기회인지를 잘 모르는 경우가 많기 때문이다. 영업의 다른 말은 '부탁'이라고 한다.

처음 영업을 시작했을 때는 기존 손님에게 부탁을 하면 손님이 나의 서비스에 불만족하지 않을까 하는 걱정을 했다. 그래서 온전히 내가 줄 수 있는 것에만 집중했던 것 같다. 그런데 세금 이슈 등 PB인 나의 서비스에 만족하는 손님들이 생기면서 오히려 이분들이 먼저 유사 사례가 있는 손님들을 소개하기 시작했다. 이후에는 먼저 금융기관에 자산관리가 필요한 지인들의 소개를 부탁했더니 어떤 때는 대신 영업을 해 주는 손님도 생겨났다.

한 가지 사례를 더 소개해 보고자 한다. 처음 PB 영업을 시작하면서 만나게 된 손님으로, 제일교포 2세이며 한국에서 치과병원을 운영하는 원장님이다. 첫 번째로 해결해 드린 것은, 나의 주특기를 잘 살린 세금과 관련된 업무로 서울지방국세청 세무조사였다. 물론 국세청 출신 유능한 세무사를 잘 선임하여 정말 깔끔하게 업무를 처리했다.

이후 두 번째는 아버지가 물려주신 식품회사 관련 업무였다. 병원을 운영하며 식품회사를 같이 경영하다 보니 두 곳 모두가 제대로 된 관리가 힘든 상황이었다. 회계사 출신으로서 먼저 식품회사의 재무제표부터 검토해 주었는데, 전문 경영인의 통제되지 않는 가수금 계정 등을 발견할 수 있었다. 바로 외부 회계 감사 법인을 교체하여 좀 더 자세한 경영 진단을 했다. 결론적으로 손님은 이 식품회사를 매각하기로 결정했고, 최고 회계법인을 선임하여 기업 M&A를 성공적으로 마무리했다.

이러한 일련의 니즈 해결을 통해 손님의 신뢰를 얻게 되었으며 이후 매우 충성도 높은 손님으로 관계를 형성할 수 있게 되었다. 이후 이 원장님은 서비스 만족도가 높았던 상황과 유사 니즈가 있던 다른 병원 원장님을 소개해 주기 시작했다. 이렇게 소개받은 지인들은 비교적 짧은 시간에 니즈를 해결해 드리고 매우 우량한 신규 고객이 되었다.

그런데 이 원장님 또한 비교적 내성적인 손님으로 은행에 오면 본인 업무만 처리하고 바로 돌아가는 분이었기 때문에 만약 세금과 기업에 관련된 주위 지인 소개를 요청하지 않았더라면 아마 계속적인 신규 고객 유치는 불가했을 것이다.

PB는 우선 고객이 자신의 서비스에 만족할 수 있도록 최선을 다해야 한다. 만약 이 서비스에 고객이 만족했다면 PB는 유사한 니즈를 가진 손님 주위의 지인을 소개해 주는 것이 얼마나 나에게 소중한 영업 기회가 되는지를 가랑비에 옷 젖듯이 손님께 자주 요청해야 한다.

## 나만의 영업 루틴(Sales Routine) ⟁

당신의 손님 중 주위 지인 소개를 주저 않을 성향의 손님은 누구인가요? 이 손님들은 당신의 서비스에 만족하고 있는지요? 만약 만족하고 있는 손님이 있다면 당신은 이 손님께 적극적으로 주위 지인 소개를 부탁한 적이 있나요?

# Ⓢ 수직적 고객기반 확장(Vertical Customer-based Expansion)

이제 보통 PB가 많이 활용하지 않는 또 하나의 기존 관리 고객을 통한 신규 고객 증대 방법을 소개하고자 한다. 만약 PB가 관리하고 있는 고객의 부모님이 생존해 계시다면 바로 이 부모님 또한 대부분 우수한 고객일 확률이 높다. 관리하는 고객이 시니어로 자녀 세대가 고객의 자산 및 사업을 승계받는 과정에 있다면 이 자녀 또한 매우 훌륭한 신규 고객임에 틀림없을 것이다. 물론 누구나 알 만한 재력가 집안의 자녀 중 한 사람을 고객으로 관리하고 있다면, 그 고객의 형제자매 또한 고액 자산가일 확률이 매우 높다.

손님과 관계가 심화될수록 손님의 가족 관계를 유심히 파악하려고 노력해야 한다. 비교적 젊은 부호의 경우는 부의 원천이 부모를 통해 받은 것은 아닌지? 만약 이런 경우라면 생존에 계시는 손님의 부모님들 또한 매우 훌륭한 잠재 고객 대상이다. 이러한 부모님들을 접촉할 수 있는 좋은 수단이 바로 세금, 특히 상속 증여세 문제이다. 자녀는 차마 본인 입으로 부모에게 직접 하지 못하는 사전 증여 이슈를 은행 PB가 충분한 근거를 가지고 설득력 있는 스토리를 통해 부모님들을 이해시켜 준다면, 자녀 입장에서는 비교적 적극적으로 부모와의 미팅을 주선해 줄 수 있기 때문이다.

평창동에서 은행 PB센터 지점장으로 근무한 적이 있다. 이 지역의 특성 중 하나가 주로 시니어 세대 부모님들이 많이 거주하며, 자녀 세대는 한남동이나 대치동 등에서 많이 거주한다는 것이다.

또한 부모 세대가 가지고 있던 기업은 주로 아들에게 승계하고 있는 경우가 많은데 자녀들이 평창동에 같이 거주하지 않는다. 그 때문에 부모의 기업을 직접 방문하는 경우 외에는 자녀들을 만나기가 쉽지 않아 고객화하기에 어려움이 많다. 이러한 특성은 다른 지역에서 시니어 손님을 관리하는 PB들의 경우에도 유사할 것이다.

그런데 이러한 경우로 2세대 마케팅에 절호의 기회 하나를 찾아낸 사례가 있다. 바로 상속이라는 이벤트를 활용한 2세대 마케팅이 그것이다. 평창동 지점에 부임하고 얼마 지나지 않아 주요 손님 다섯 분에게 상속이 발생했다. 큰 충격이 아닐 수 없었다. 주요 운용 자산 상당 부분이 상속세로 나가야 하는 상황이어서 PB센터 실적에 큰 영향을 미치기 때문이다. 초임 PB센터장에게는 큰 도전이 아닐 수 없었다. 그러나 다행히도 세무 전문가 경력을 통해 상속과 관련된 경험과 지식들이 쌓여 있어서 오히려 이 위기를 2세대 마케팅을 할 절호의 기회로 활용했다. 그리고 그해 하반기 PB센터 중 1등의 성적을 거두게 되었다.

이후 '상속 2세대 마케팅 절호의 기회'라는 제목으로 당행 직원들을 위한 1시간 분량의 동영상 강의를 녹화하여 노하우를 공유했다. 이 책의 다음 파트에서 자세히 설명할 예정이며, 여기에서는 그 내용을 간단히 소개하겠다.

상속이 일어나면 통상 재산이 많은 분은 전체 재산의 반을 상속세로 납부해야 한다. 은행에 있는 현금 자산이 모두 세금으로 납부된다고 봐도 된다. 그런데 이러한 피상속인의 자산 감소만 상속인을 고통스럽게 만드는 것이 아니다. 상속 재산 분배 과정에서 가족 간의 갈등과 상속세 신고 후 국세청 세무조사 과정에서의 추가 징수에 대한 마음고생 등도 상속인을 고통스럽게 한다.

피상속인이 사전에 본인 대부분 재산에 대한 자녀 간 증여를 마무리해 두지 않은 경우라면 상당수 집안에서 상속 이후 재산 분배 과정에서 가족 간에 갈등이 발생한다. 상속세 관점에서는 최대한의 절세를 위해 최대 30억 원에 달하는 배우자 공제를 최대한 활용해야 하나, 많은 경우 이 베스트 안이 채택되지 않는 것이 현실이다. 상속받고자 하는 재산은 한정되어 있기 때문이다. 특히 이러한 상속 재산 분배 과정에서 피가 섞이지 않은 며느리나 사위가 전면에 등장하는 순간 갈등은 더욱 심화된다. 이런 경우 대부분 결론은 전체 상속 재산에 대해 법정 지분으로 일단 소유권 이전을 하는 것이다. 이렇게 해 두면 향후 10년 동안 나머지 연부연납을 통해 상속세를 납부하는 동안 계속적으로 갈등의 소지가 남게 된다.

바로 이 부분에서 PB가 전문가 역할을 하면 부모님의 재산을 상속받는 자녀들을 모두 고객화할 수 있게 되는 것이다. 물론 이 상속 재산 분배와 관련된 노하우는 간단히 글로 설명할 수는 없다. 일단 자녀들 간의 극심한 갈등을 중재해 낼 수 있을 정도의 경험과 지식 등이 필요한데, 당장 이러한 능력이 없는 PB라면 국세청 출신의 유능한 세무사와의 협업을 적극 권한다.

상속과 관련해 고객이 겪는 또 하나의 고통은 상속세 신고에 대한 국세청 세무조사다. 상속 및 증여세는 6개월 또는 3개월 후 예정 신고를 하면 이후 국세청에서 확정해 주는 과정을 거친다. 대부분 상속세는 국세청 세무조사를 받게 된다고 봐야 한다. 기본적으로 상속세는 배우자와 자녀가 있는 경우 상속 재산이 10억 원을 초과해야만 신고 대상이 되는데, 통상 상속 재산이 50억 원을 초과하는 고액 상속에 대해서는 세무조사를 일선 세무서가 아닌 지방 국세청에서 하고 있다.

PB가 관리하는 대부분 손님의 경우는 상속세 세무조사를 지방 국세청에서 받는 경우가 많다. 이러한 세무조사를 경험하지 못했던 대부분의 상속인 손님들은 이 과정에서 많은 고통을 받게 된다. 특히 피상속인의 과거 10년 정도의 금융 거래를 기초로 조사가 이루어지기 때문에 아무도 모르는 금융 거래 하나가 단초가 되어 큰 추가 세금 추징이 이루어지는 경우가 많다.

물론 이러한 세무조사는 PB가 직접 처리할 수 있는 영역은 아니다. 그러나 불안해하는 상속인을 안심시키고 유능한 세무사와 깔끔하게 업무를 처리한다면, 대부분 2세대 자녀가 향후 훌륭한 PB의 충성 고객이 되는 것은 자명한 일이다. 상속의 경우 세금 신고 전 6개월 이후 세무조사 기간을 포함하면 거의 1년 이상을 상속인 자녀와 배우자 등과 관계를 유지해야 하는데, 이 정도의 기간 이후 대부분 고객화되는 것은 자연스러운 일이다.

마지막으로 관리하는 고객의 형제자매를 모두 고객화한 사례는 다음의 과정을 거쳤다. 부모님 세대부터 누구나 알 수 있을 정도의 재력가 집안 회장님을 손님으로 관리하고 있었다. 이미 부모님은 돌아가셨지만 워낙 큰 재력가여서 2남 2녀 자녀가 모두 큰 자산을 가지고 있었다. 이 형제자매들과 연결될 수 있는 고리를 찾는데 많은 노력을 기울이던 중 돌아가신 아버님으로부터 여의도에 있는 빌딩을 2남 2녀가 같은 지분으로 물려받았다는 것을 알게 되었다. 세무 전문가 출신으로 이 빌딩을 현 소유자의 자녀 세대로 증여하는 부담부증여 플랜을 제시하여 이 형제 자매뿐만 아니라 그분들의 자녀 세대까지도 고객화하였다. 그리고 해당 연도에 10억 원 이상 신규 고객을 가장 많이 증가시켜 상을 받기도 했다. 이후에는 이 빌딩을 매각하여 유동성 자산을 관리 중에 있다.

대부분 사례에서 알 수 있듯이 나는 세금이라는 전문화된 영역을 가지고 있어서 많은 다른 마케팅의 기회를 쉽게 확보하고 있다. 이 글을 읽는 PB들이 전문가 영역 하나를 개발할 수 있기를 바라며, 꼭 본인이 관리하는 손님의 가족 관계를 유심히 살핀 후 부모 세대, 자녀 세대, 형제자매 등으로 확장할 여지가 없는지 확인하는 시간을 가졌으면 한다.

## 나만의 영업 루틴(Sales Routine) △

관리하시는 손님의 부모 또는 자녀, 형제자매까지 신규 거래를 확장해 보신 경험이 있나요? 당신의 손님 중 이러한 확장이 가능한 손님이 있다면 명단을 적어 보세요. 당장 내일부터 이 대상 손님과 상담할 때는 추가적인 손님 확장의 단초를 만들어 보세요.

# 3

# 고객 공유(Customer Sharing) 이론

　장기적 관계 유지에 중점을 두고 고객의 신뢰와 충성도에 기반한 금융기관 마케팅을 관계마케팅(Relationship marketing)이라고 한다. 특히 고액 자산가를 상대하는 자산관리 비즈니스는 이 관계마케팅을 기본으로 한다. 그러나 20년 이상 자산관리 비즈니스를 하면서 항상 관심 갖고 있었던 부분은 장기적 관계를 형성할 수 있는 자산가를 어떻게 창출해 낼 수 있는가 하는 과제였다.

　약 5년 정도의 고민과 연구 끝에 최근 나름 버전 4.5의 해답이 정리되었다. 해답은 고객 공유(Customer Sharing)에 있다고 본다. 내가 지금 관리하고 있는 이 손님을 다른 업종의 파트너와 공유할 때 그에 상응하는 신규 손님을 만날 수 있게 된다는 것이다. 물론 다른 업종의 파트너와 고객 공유를 하는 것은 손님으로부터 충분한 신뢰와 충성도가 확보되었을 때 가능한 일일 것이다. 지금 은행 서비스에도 별 만족을 느끼지 못하는 손님이 은행 PB가 소개하는 다른 업종의 서비스나 제품에 관심을 가질 가능성은 매우 낮을 것이기 때문이다.

이제 신규 고객을 꾸준히 창출해 낼 수 있는 세 번째 방법인 '고객 공유 이론'에 대해 설명하고자 한다. 앞서 서술한 2가지 이론은 지금 당장 마음먹으면 실행이 가능한 것이라고 한다면, 이 장에서 소개할 고객 공유 이론은 고객 공유 파트너(Customer Sharing Partner)가 있어야 하는 것이므로 다소 준비 과정이 필요하다. 또한 손님뿐만 아니라 파트너와의 관계까지도 고려해야 해서 다른 이론에 비해 좀 더 난이도가 있다고 말할 수 있다.

그러나 고객 공유 이론이 전혀 생소한 신규 고객 창출 마케팅은 아니며 이미 많은 PB가 다소 완결성은 떨어지지만 유사한 마케팅을 진행하고 있다. 당행 PB들을 상대로 신규 고객 창출을 목적으로 마케팅을 시도하고 있는 업체나 모임, 기타 사교 단체 등을 조사한 적이 있다. 본인 점주권 인근 업체나 소속된 사교 단체 등을 상대로 어설프지만 영업을 추진하고 있음을 알 수 있었다.

지금부터 매우 성공적인 신규 고객 창출 수단으로 활용하고 있는 마케팅 사례를 소개하며, 많은 시행착오를 통해 알아낸 '고객 공유 이론'의 실행 방법을 설명하겠다.

## ⑤ 고객 공유 이론 착안 배경

은행 내부에도 PB를 도와줄 세무사들은 많이 있으나 대부분 실무 경험이 매우 적은 젊은 고시 출신 세무사들이며, 이런 이유로 정작 세금 니즈가 있는 손님의 마음을 얻을 정도의 설득력 있는 해결책(Solution)은 기대하기 힘든 경우가 많다. 그래서 세무 전문가 시절부터 좋은 관계를 유지하고 있는 100여 명의 국세청 출신 세무사 및 유능한 분야별 특화 세무사 네트워크를 큰 재산으로 관리해 오고 있다. PB 영업 초기부터 이들 세무사 및 세무법인을 활용한 마케팅을 고민했는데 이유는 '돈이 움직이지 않는 세금 이슈는 없다'는 당연한 원칙 때문이었다.

그러나 쉽지는 않았다. 먼저 세금 이슈를 개발하여 세무법인에 고객을 소개했으나 이들은 생각처럼 본인들의 고객을 나에게 소개하지 않았다. 이들은 본인들의 고객을 소개하지 않는 것일까, 아니면 못하는 것일까? 맞다. 못하는 것이었다. 그저 은행원으로서만 관계를 유지하던 이들 세무사들은 PB로서 내가 얼마나 많은 가치를 줄 수 있는지 제대로 알지 못했기에 타행 PB서비스에 만족하고 있는 본인 관리 손님들에게 나를 선뜻 소개하지 못했으며, 소개를 해도 단순 일반 은행 거래가 필요한 손님들이어서 그들에게 나만의 차별성을 느끼게 하기는 쉽지 않았다.


## ⑤ 내가 줄 수 있는 가치(Value)를 아주 쉽게 자주 전달하라!

나는 세무 전문가였기 때문에 누구보다도 특정 세무사 세무법인의 가치를 잘 알고 설득력 있게 관련 니즈 손님을 소개할 수 있었으나, 세무사들은 나의 차별화된 가치를 모르고 있었으니 본인 손님들에게 소개하지 못했던 것이다.

그래서 시간이 날 때마다 세무사들을 자주 만나 내가 단순 은행원이 아닌 PB로서 제공해 줄 수 있는 것(Value)들을 스토리를 통해 쉽게 전달하기 시작했다. 예를 들어 설명해 보면 부동산 관련 종합 서비스이다. 수익용 빌딩에 대한 매수, 매각, 관리, 리모델링, 리빙트러스트를 통한 승계까지 은행의 각종 부동산 자문 서비스 및 처분, 관리 신탁 등을 사례를 통해 스토리화하여 쉽게 전달했다.

원인을 정확히 알고 대처를 하니 결과는 당연히 좋았다. 이 부동산 서비스에 관심을 보였던 세무사는 모든 부동산 관련 니즈 손님을 소개하기 시작했다. 물론 처음에는 목표 고객(Target)으로 삼지 않는 자산 규모가 작은 잠재 고객들의 소개가 이루어졌다. 시간이 지나면서 목표 고객인 빌딩 소유자에게 훨씬 우월한 서비스를 제공할 수 있음을 알고, 지금은 매우 훌륭한 잠재 고객들을 소개받고 있다.

## ⓢ 고객 공유의 확장

세무법인과 좋은 고객 공유 파트너 관계를 유지해 가면서 이런 파트너를 좀 더 늘리면 좋겠다는 생각을 하고 주위를 살피기 시작했다. 그러나 이 역시 쉽지는 않았다. 한두 번 고객 소개가 이루어졌으나 세무법인처럼 계속적인 관계 유지가 안 되는 경우가 대부분이었다. 일정 규모 이상의 자산가를 소개받고자 하나 상대로부터 소개받은 잠재 고객은 내 목표 고객 조건을 충족하지 못하는 경우도 많았다. 이 역시 많은 시행 착오를 거치며 다음의 고객 공유 파트너 조건을 알게 되었는데, 이 이론을 따라 하고 싶어 하는 많은 PB들에게 성공 확률을 높일 수 있도록 자세히 설명해 보았다.

ⓢ 고객 공유 파트너(Customer Sharing Partner) 선정 기준

먼저 파트너의 기본 전제는 장기적으로 고객 관계를 유지 관리하며 수익을 창출하는 관계마케팅을 기본으로 하고 있는 업체 및 기관들이어야 한다는 것이다. 그런데 이를 조건으로 넣지 않은 이유는 우리가 목표 고객으로 하는 수준의 자산 규모 손님을 대상으로 제품 및 서비스를 제공하고 있는 업체는 대부분 관계마케팅을 기본으로 하고 있기 때문이다. 이제 4가지 고객 공유 파트너 선정 기준을 설명하고자 한다.

▶ 첫째, 나의 타깃 손님층과 유사한 손님층을 가지고 있는가?
회계사 출신으로 회계사 선배들도 많이 있으나 세무사가 상대하는 고객층이 훨씬 자산 규모가 큰 경우가 많다는 것을 알게 되었다. 특히 일반 기장 세무법인이 아닌 상속 증여 또는 세무조사 등

좀 더 난이도 있는 서비스를 전문화하고 있는 대형 세무법인의 경우는 대부분의 소개 손님이 PB의 타깃 잠재 고객일 확률이 높다. 처음 다소 시간이 걸리더라도 파트너 예정 업체의 손님 구성을 면밀히 확인하는 것이 매우 중요하다.

▶ 둘째, 상호 간 대상 손님을 가지고 갈등(Conflict)이 발생할 수 있는가?

은행 PB의 경우 금융그룹 관계사를 포함해서 많은 다른 증권사나 보험회사 담당자들과도 좋은 관계를 유지하며 마케팅을 진행한다. 특히 증권사의 경우는 은행과 일정 라이선스에 의해 취급 업무가 구분되는 경우가 많아 서로 일정 고객 공유가 가능한 면이 있다. 그러나 정작 투자상품 판매에 있어서는 상호 갈등이 발생할 수 있고 결국 손님과의 관계에 있어 일정 관계 희석이 발생할 가능성이 있으므로 이런 경우 계속적인 파트너 관계 유지는 힘들어진다.

▶ 셋째, 계속적인 상호 Give & Take가 가능한 관계인가?

다시 말해서, 일방적으로 어느 한쪽만 손님을 소개받는다면 계속적인 파트너 관계를 유지하기 힘들다는 의미이다. 당연한 이야기 같지만 우리가 고객 공유 파트너와 일회성으로만 손님을 소개받거나 소개해 주고 관계가 끝나 버리는 주요 원인이 여기에 있다. 이러한 이유로 PB는 만일 이런 파트너를 선정했다면 계속적으로 내가 먼저 노력해서 꾸준히 상대 파트너에게 우량 손님을 소개해야 한다. 또한 다소 억울해 보이지만 이 관계를 끝내지 않기 위해서는 PB가 상대 파트너에게 자주 다가가서 내가 무엇을 잘하는지, 어떤 손님이 나의 타깃 손님인지에 대해 쉽게 스토리로 전달하는 노력을 아끼지 말아야 한다.

오래전부터 PB의 이런 일방적인 노력에 의해서만 관계가 유지되는 고객 공유 관계를 바꾸고자 고심했다. 참여자 서로가 고객 공유라는 상호 목적을 명확히 하는 플랫폼을 하나 만들어 해결해 보고자 새로운 비즈니스 모델을 개발 중이다. 일명 'Customer Sharing Platform'이다. 최근 버전 4.5까지 완성되었으며 플랫폼 명칭을 미리 상표권 등록을 해 놓은 상태이므로 머지않아 PB들이 자기 손님을 소개만 하면 그에 상응하는 손님은 플랫폼에서 제공받는 때가 올 것이다. 기대해 주기 바란다.

고객 공유 플랫폼 등록 상표

내.손.에
내 손님은 어디에

▶ 넷째, 나의 손님에게 니즈가 많은 분야이며 내가 가장 잘 알고 관심이 있는 분야인가?

이 마지막 기준이 개별 PB 입장에서는 선정에 있어 가장 중요한 기준이다. 내 손님에게 파트너 업체의 서비스나 제품을 소개하기 위해서는 세무 전문가 출신인 내가 세무법인을 선택했듯이 본인이 가장 관심 있고 남보다 좀 더 잘 알고 있는 분야여야 한다. 그런데 이 분야가 손님들에게 별로 필요한 분야가 아니거나 소수의 손님만 관심을 갖는 분야라면 파트너 선정에 있어 한 번쯤 재고해 봐야 한다.

새로운 고객 공유 파트너를 만들기 위해서 청담동에 보이차를 비롯하여 각종 고가의 유명 다기 및 차들을 취급하는 갤러리형 차 판매 업체를 방문한 적이 있다. 여기에서 차에 대한 새로운 세계를 보고 마시고 알게 되었다. 잠시 있는 동안인데도 카운터에서 결제되는 카드 금액이 차 몇 묶음에 몇천만 원대였다. 세무법인과 유사한 형태로 제휴를 맺고 고객 공유 파트너로서 관계를 가지려 하였으나 아직도 '차'는 '세금'보다는 손님의 저변이 넓지는 않다는 것을 알게 되었다. 그리고 노력은 하고 있지만 아직은 세금보다는 차에 대한 지식이 많지 않다. 차에 대해 좀 더 관심을 갖고자 근무하는 PB센터를 이전할 때 기존에 있던 와인바를 이번에는 차를 손님에게 제공할 수 있는 공간으로 꾸몄다. 그런데 이 또한 고객 공유 플랫폼이 만들어진다면 좀 더 많은 손님들에게 차를 소개할 수 있어 조만간 좋은 고객 공유 파트너가 될 수 있을 것으로 생각한다.

　이제 고객 공유 파트너 하나쯤은 머리에 떠올랐기를 바란다. 다
소 실천에 시간과 노력은 필요한 이론이나 만약 좋은 파트너 하나
만 선정된다면 장담하건대 PB 생활에는 큰 도움이 될 것으로 확신
한다. 부록 독자 Q&A를 통해 유망한 고객 공유 파트너를 몇 군데
소개하였으니 참고했으면 한다.
　나는 상표권 등록 브랜드를 가지고 'Customer Sharing Platform' 비
즈니스 첫출발을 시작했다. 1차로 고객 공유를 진행해 왔던 세무
법인의 손님을 대상으로 은행과 고객 공유가 좀 더 원활하게 될 수
있도록 시스템을 만들어 지금보다 외부 금융기관과 고객 공유를 대
폭 확대할 계획이다. 이후 관계마케팅을 근간으로 고객 관리를 하
고 있는 주요 업체에 1차 세무법인의 사례를 바탕으로 고객 공유
마케팅 컨설팅을 넓혀 나가고, 결국 바라는 고액 자산가를 대상으
로 비즈니스하는 업체 및 관계자들이 모두 찾는 플랫폼을 만들어
볼 계획이다.

## 나만의 영업 루틴(Sales Routine)

영업을 목적으로 지금 좋은 관계를 유지하고 있는 업체나 단체가 있나요? 있다면 필자가 소개한 고객 공유 파트너 선정 기준에 부합하는지 한번 생각해 보세요.

# 4

# 경작(Cultivation) 이론

　신규 고객을 꾸준히 증대시켜 주며 은행에 있는 동안 실적 때문에 고민하지 않게 해 주는 방법이 바로 이 경작 이론이다. 지난해에 은행 직원들을 위해 PB 영업 노하우 공유 차원에서 이 경작 이론에 대해 "영업 원시인 극복하기"라는 제목으로 동영상 강의를 제공한 적이 있다. 잠재 고객을 빠른 시간에 가망 고객으로 전환시켜 일정 규모의 고객 집단을 경작하듯이 관리하다 보면 우리가 기대하지 않은 매직이 발생하는데, 그 이유와 구체적인 방법 등을 설명한 것이다.

　과거 원시인은 어느 한때 사냥을 잘하면 일정 기간 정말 편하게 살 수 있었으나 추운 겨울이 오거나 건기 등으로 수렵 활동이 제대로 이루어지지 않을 때는 말 그대로 굶주림에 허덕여야 했다. 이 모습이 어쩌면 신규 VIP 손님 증가 영업의 모습과 매우 흡사하다고 생각했다. 운 좋게 큰 건 하나가 터져 한 평가 기간은 풍요롭게 지내지만 이후 들어왔던 자금이 세금 등으로 유출되고 나면 다음 평가 기간은 위 사례의 원시인처럼 굶주림에 허덕이게 된다. 어떻게 하면 이런 고통을 극복해 낼 수 있을까? 이를 설명하는 것이 바로 경작 이론이다.

### ⑤ 경작이론의 정의

해답은 너무도 간단하다. 과거 원시인의 진화 과정에 그 해답이 있다. 과거 원시인은 이를 극복하기 위해 'Cultivation', 즉 경작을 시작하면서 한곳에 정착하고 문명화된 생활을 할 수 있었다. 바로 우리 영업도 영업 원시인을 극복하기 위해서는 우리가 'Inventory'라고 부르는 잠재 고객을 경작하듯이 관리하는 것이다. 좀 더 자세히 말하자면 빠른 시간 내에 잠재 고객을 가망 고객으로 만들어 관리하는 것이다.


## ⑤ 잠재 고객 vs. 가망 고객

우리가 혼재해서 쓰는 잠재 고객과 가망 고객의 정의를 다음과 같이 구분해 봤다. 먼저 잠재 고객은 은행원의 입장에서 내가 타깃(Target)으로 생각하지만 아직 은행 거래가 없는 손님들로 정의할 수 있다. 가망 고객은 고객의 입장에서 은행원인 나의 가치(Value)를 인지하고 관련 니즈가 생기면 나에게 연락할 수 있는 상태까지 관계가 진전된 고객으로 정의할 수 있다. 이러한 이유로 진정 의미 있는 건 잠재 고객 수가 아니라 가망 고객 수라고 말할 수 있다.

고액 자산가 대상의 PB 영업 초창기 시절 많은 시간을 할애해서 열심히 외부의 신규 손님들을 만나 왔다. 그런데도 원하는 대로 신규 고객 증가가 이루어지지 않아 많은 고민을 했다. PB 영업을 하기 전 WM본부에서 신임 PB에게 초기 만날 수 있는 잠재 고객 집단을 만들어 주는 고객 개척자(Client's Developer) 역할을 4년 반 정도 해 왔다. 그래서 사실 PB 영업에 대해 어렵다고 생각하지 않았는데 PB 영업 초기 나의 성과에 실망하지 않을 수 없었다.

바로 이때 알게 된 사실이 초기에 만났던 많은 잠재 고객들이 아직 가망 고객 단계로 관계 진전이 되지 않았다는 것이다. 은행원인 나의 입장에서만 만나는 손님을 향후 타깃 고객으로 생각하고 열심히 쫓아다닌 것이다. 아직 손님은 내가 어떤 구체적인 도움을 줄 수 있는지에 대해 전혀 인식하지 못하고 있는 상태였다. 그저 명함을 교환하고 의례적인 전화 통화와 미팅을 진행했을 뿐이었다.

잠재 고객과 가망 고객에 대한 정의를 스스로 구분하고 난 후, 그동안 영업을 진행하고 있던 고객을 두 기준으로 나눠 보았다. 드디어 그동안 신규 손님 증가가 원하는 만큼 이루어지지 않았던 이유를 명확히 알게 되었다. 내가 만나는 상당수의 잠재 고객이 아직 내가 어떤 차별화된 가치를 드릴 수 있는지에 대해 인지하지 못하고 있었던 것이다. 다시 말해, 아직 잠재 고객 단계에서 가망 고객 단계로 관계 진전이 이루어지지 못한 것이다.

## ⑤ 잠재 고객과 가망 고객 구분 방법

그렇다면 잠재 고객과 가망 고객을 어떻게 구분할 수 있을까? 제일 먼저 전화 통화할 때 가장 쉽게 알 수 있는데, 내가 전화를 걸었을 때 나에 대한 인지 여부이다. 내 이름을 핸드폰에 저장해 놓아 바로 나를 인지하는 경우는 가망 고객일 가능성이 높다. 누구의 이름을 핸드폰에 저장하는 것은 나중에 언젠가 다시 전화하려고 어떤 필요성을 인지했기 때문이다. 그런데 내가 누구인지를 알려 드려야지만 인지하는 단계라면 아직 잠재 고객 단계이다.

만약 손님이 먼저 어떤 구체적인 문의 또는 다른 도움 요청 전화가 왔다면, 이 손님은 바로 가망 고객으로 구분해도 좋다. 이 둘을 구분하는 기준을 PB가 아웃바운딩 신규 고객 영업을 하면서 미리 알고 있다는 것 자체가 의미 있다. 내가 처음 만나는 손님에게 가능하면 빨리 나의 가치를 인지시켜 한다는 것이 가장 중요한 일이란 것을 깨닫게 해 준다.

신규 손님을 만나다 보면 어떤 때는 가망 고객인 것 같다가도 또 어떤 때는 아직 잠재 고객이라고 느낄 때도 많다. 그러나 우리가 잠재 고객과 가망 고객의 기준을 가지고 있으면 각 단계별로 고객을 만날 때 우선적으로 해야 할 일이 정해지므로 훨씬 효율적으로 신규 손님 개척이 가능해진다.


## ⑤ 잠재 고객을 가망 고객으로 전환 및 관리 방법

아직 내가 만나는 손님이 잠재 고객이라면 내가 줄 수 있는 가치를 가장 쉽게 스토리로 설명해야 한다. 그런데 가능하면 잠재 고객이 가지고 있는 니즈나 관심 있을 법한 니즈에 대해 나만이 제공할수 있는 서비스나 해결 방법을 설명하는 것이 좋다. 당연한 이야기지만, 처음 만난 손님과 짧은 시간 대화를 나누며 이러한 니즈를 파악하는 것은 그리 쉬운 일이 아니다.

그래서 앞장의 특화 이론에서 고객 집단과 지식과 경험의 전문화를 강조한 바 있다. 내가 잘 알고 있는 고객 집단을 만나면 손님이 당장 니즈를 말하지 않더라도 동 고객 집단의 다른 손님들의 니즈를 통해 훨씬 설득력 있는 잠재 니즈를 찾을 수 있다. 그리고 빠른 시간에 나의 가치를 인지시킬 수 있게 된다. 또한 내가 전문가다운 지식과 경험이 있는 분야가 있다면 잠재 고객이 다른 곳에서는 듣지 못한 스토리들을 전달할 수 있어 훨씬 빨리 잠재 고객의 관심을 유발시키고 결국 나의 가치를 인지하여 빠른 시간에 나의 가망 고객이 될 수 있다.

위에서 설명한 것처럼 잠재 고객 단계라면 나의 가치를 인지시키는 것이 우선 과제이기 때문에 좀 더 많은 접촉 기회를 가져야 한다. 만약 일정 기간 이를 극복하지 못한다면 잠재 고객은 영원히 나를 잊게 된다. 그러나 만약 손님이 가망 고객 단계로 전환되었다면 손님이 나의 가치를 인지한다는 것이다. 그럼 이제 관련 니즈가 생기기를 기다리기만 하면 된다. 부모님이 연세가 많아 상속을 준비하는 손님을 가망 고객으로 관리하고 있다면, 미리 준비해야 할 것을 충분히 설명하고 실제 부모님 상속을 기다리는 것이다.

물론 이 과정에서 은행 거래가 시작될 가능성도 높으나 PB가 가망 손님을 경작하듯이 관리할 수만 있다면 굳이 급하게 손님의 은행 거래 시작을 PB의 스케줄에 맞출 필요가 없다. PB의 스케줄이 아닌 손님의 스케줄에 맞춰 은행 거래를 시작하면 이미 신뢰를 가지고 거래가 시작되어 조만간 충성도가 높은 손님이 될 수 있기 때문이다. 나는 이런 방식으로 잠재 고객을 가망 고객으로 전환시켜 경작하듯이 손님을 관리하며 고객화하였다. 그때 신규 고객에게 자주 들었던 말이 있다.

"이 부장은 어떻게 계좌 하나도 만들어 주지 않았는데 내가 거래하는 은행 PB보다 더 나를 잘 관리해 주는 것 같아."

거래 전에 이미 이 손님은 내 서비스에 만족하여 신뢰를 가진 것이다.

## ⑤ 빅 클라이언트(Big Client) 한 명을 신규로 개척한다는 것은?

경작 이론을 마무리하며 우리가 빅크라이언트(Big Client) 한 명을 신규로 개척한다는 것에 대해 생각해 봤다. 나는 특화 이론에 맞춰서 관리하는 특화된 고객 집단인 기업 오너를 1순위로 만나고 고객화한다. 내가 개척한 가장 큰 자산 규모의 기업 오너는 관리하는 금융 자산이 개인과 법인을 합쳐 4,500억 원 정도 된다. 최근에는 기업을 매각(Exit)하면서 개인 한 사람이 5,000억 원 이상을 맡기는 경우도 있지만 내가 개척한 사례도 최상위에 랭크되는 사례이다. 보통 은행 PB가 관리하는 자산이 2,000억 원 내외라고 볼 때, 자산 규모로는 적지 않다. 이 정도 신규 손님을 처음부터 개척하면서 다음과 같은 생각을 하게 되었다.

은행 PB로 근무하며 몇 년 전 가장 큰 고통을 겪게 되었다. 사모펀드 부실 사건 때문이다. 내 스스로 엄격한 기준을 가지고 이 정도면 손님의 자산을 충분히 투자해도 되겠다 판단되어 사모펀드를 추천했는데, 동시다발적으로 여러 펀드에 문제가 발생하기 시작했다. 정말 괴로웠다. 어떻게 그 고통을 글로 다 표현할 수 있을까? 실제로 초기 한 10일 정도는 잠을 잘 수가 없었다. 처음으로 정신과 치료를 받으며 고통을 극복할 수 있었다. 물론 아직도 모두 해결되지 않은 상황이니 먼 훗날 이 고통의 원인과 극복 방법을 잘 정리해서 후배들에게는 이러한 고통을 더 이상 받지 않게 하는 것을 나의 소명으로 생각하고 다시 한번 글을 더 쓰려고 한다.

이렇게 고통스럽던 여름날, 집에 있으면 자꾸 더 힘든 생각이 나를 지배하여 무작정 경기도 오포읍 어느 길을 걷고 있는데 정말 신기한 장면 하나를 보게 되었다. 도로 가장자리에 아스팔트를 뚫고 올라오는 잡초 하나를 발견한 것이다. 참 놀라웠다. 한참을 쳐다보며 핸드폰으로 사진도 찍고 생각에 잠겼는데, 바로 이 글을 쓰는 계기가 되었다.

더운 여름날 아스팔트를 뚫고 올라오는 잡초 하나를 보며 바로 이 모습이 PB가 빅 클라이언트 한 명을 개척하는 것과 너무나 흡사하다고 생각했다. 아스팔트 밑에 있던 잡초가 "내가 어떻게 저 두꺼운 아스팔트를 뚫을 수 있겠어?" 하고 미리 포기했다면 지금 이런 광영은 없었을 것이고, 만약 "반드시 저 아스팔트를 뚫겠어!" 하는 의욕이 넘친 나머지 초봄 일찍 아스팔트를 뚫으려고 했던들 그게 가능했겠는가? 자연의 순리에 맞춰서 한여름 온도가 올라가서 아스팔트 타르가 좀 유연해지고 때마침 차들이 지나가며 도로에 크랙도 좀 난 이후 아스팔트를 뚫었기 때문에 가능했던 것이다.

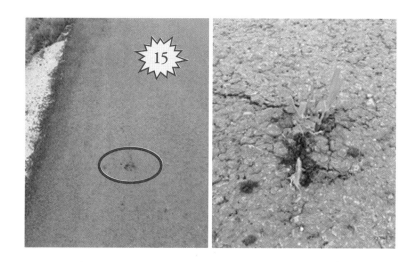

  우리가 빅 클라이언트 한 명을 개척하기 위해 경작하듯이 관리해야 하는 이유가 바로 여기에 있다. "저렇게 큰 자산가를 어떻게 내가 고객화할 수 있겠어?" 하고 미리 포기한다면 고객화 가능성은 영원히 없다. 처음부터 의욕만 넘쳐 아직 손님은 거래 준비가 되어 있지 않은데 무모하게 쫓아다닌다 해도 거래는 이루어지지 않는다. 결국 PB가 지쳐서 더 이상의 고객화 노력을 중단하게 될 수도 있는 것이다.
  일정 시간 동안 가망 고객이 자연스럽게 거래가 가능한 시기가 될 때까지 기회를 기다리며 경작하듯이 관리하다 보면, 불가능해

보이던 금융 거래가 시작될 수 있다. 씨를 뿌리고 거름과 물을 주며 일정 시간 정성을 다하며 기다리다 보면 새싹이 돋고 꽃이 피며 과일이 열리는 자연의 순리를 신규 손님을 고객화할 때 꼭 기억했으면 한다.


## ⑤ 잠재 고객 선정은 신중하게 하라!

일단 PB들은 자신의 잠재 고객 기준을 명확히 할 필요가 있다. 어떤 고객 집단으로 지금 당장 보유 현금 자산은 얼마나 되어야 하는지, 지금은 현금 자산이 없지만 향후 잠재성이 어느 정도는 되어야 하는지 등 자기만의 잠재 고객 기준을 정하는 것이 중요하다. 이러한 기준을 충족하지 못한 손님은 만나는 대로 잠재 고객 관리를 할 필요는 없다. 왜냐하면 가망 고객 단계까지 정말 오랜 시간이 걸릴 수도 있기 때문이다. 만약 진정한 나의 손님이 될 수 없는 사람을 이렇게 관리한다면 향후 크나큰 매몰비용이 될 수 있다.

기준은 까다롭게 지키되 일단 대상 잠재 고객을 만났다면 절대 포기하지 말고 꾸준히 관리해서 가망 고객으로 만들어 관계를 유지하다 보면 자연스럽게 매직이 발생하게 된다. 이런 신규 고객이 늘어나는 매직이 일어나기 위해서는 또 하나의 조건이 필요하다. 바로 일정 규모 이상의 가망 고객을 관리해야 하는데, 경험상 비추어 봤을 때 이 매직 넘버는 15명이다. 이 정도의 매직 넘버 가망 고객을 관리하다 보면 거의 매 평가 기간마다 생각지도 않았던 신규 고객이 창출된다. 이러한 매직의 몇 가지 사례를 들어 보겠다.

강남의 초대형 빌딩 오너 손님의 경우, 본인 건물 1층 타행 지점장이 거의 수족이 되어 관리해 주고 있어 도저히 다른 은행의 신규 거래는 하기가 힘든 상황이었다. 그러나 포기하지 않고 꾸준히 관리하다 보니 매직이 발생했다. 1층 타행 지점장이 본부장으로 승진해서 이동하게 되었는데, 새로 부임한 지점장은 아무래도 전 지점장보다는 관리가 흡족하지 않았나 보다. 그도 그럴 것이, 은행 본부장으로 승진할 정도였으니 전 지점장의 고객 관리가 얼마나 뛰어났겠는가? 사소한 일로 새 지점장에게 실망한 빌딩 오너 회장은 아침 일찍 전화를 해서 본인의 모든 거래를 내가 근무하는 은행으로 옮기겠다고 했다. 본인 건물에 타행이 있는 회장님을 미리 포기했다면 이런 기회는 잡지 못했을 것이다.

이런 사례는 매우 많다. 건강하셨던 부모님이 돌아가셔서 타행에 있던 300억 원 예금을 상속 재산 분배해야 해서 당행 계좌 개설을 요청하기도 하고, 시세보다 너무 높게 건물 가격을 제시하여 벌써 수년 동안 팔리지 않던 빌딩이 중국계 자금에 매각되었다며 계약서 작성을 도와 달라고 요청하는 경우도 있었다. 정말 모두 매직들이다.

꼭 제시한 매직 넘버 15명의 가망 고객 관리를 지금 당장 시작해 보시기를 적극 권유한다. 가망 고객이 10명만 넘어도 매직은 일어날 수 있을 것으로 확신한다.

## 나만의 영업 루틴(Sales Routine) △

지금 신규 고객을 만들기 위해 영업하고 있는 손님 중 필자의 기준에 따라 잠재 고객과 가망 손님으로 구분해서 명단을 작성해 보세요. 각각 몇 명이나 되나요? 만약 가망 손님이 15명 이상이면 매 평가 기간마다 신규 고객이 만들어지는 매직을 경험하실 수 있습니다.

Chapter

4

# 고객 관리 및
# 신흥 부호 이해

U H N W I

# 1

# 인간 행동 유형별
# 투자상품 손실 손님 관리 가이드

일반적인 투자 상품에 손실을 입은 손님의 사후관리 절차는 다음
과 같이 이루어진다.

손님의 입장에서 진심으로 불만 경청 → 손님이 충분히 받아들일 수 있는 사과
→ 투자 상품 만기를 전후해 사후관리 방안 및 투자 상품의 손실이 확정 시 만회
방안을 설명 → 이후 정기적인 피드백 및 사후관리

위의 사후관리 절차를 따르더라도 손님에 따라서는 오히려 화
를 더 키우는 결과를 낳기도 하여 아래 4가지 손님의 행동 유형별
로 손님의 분노 응대 요령을 제시한다. 본 유형은 미국의 심리학자
윌리엄 M.마스턴 박사의 인간 행동 패턴과 의사 소통 유형에 따라
구분한 '인간 행동 유형'이다.

▶ 주도형(Dominance)

- D유형: PB를 가장 힘들게 하는 유형으로, 평소에도 왕이 신하 부리듯 상사가 부하 직원 다루듯 PB를 대하는 손님들로 파워풀한 즉석 분노폭발형이 속하는 유형이다. 은행 방문 시나 전화 통화 시 자주 고함을 지르기도 하고 투자 상품 손실 확정 시에는 소송 등을 하겠다고 으름장을 놓고 PB를 힘들게 한다.

- D유형 손님 응대 요령: 일단 분노에 대해 100% 받아들이고 오히려 그 정도 불평에 감사하다는 느낌을 주는 것이 좋다. 이런 손님의 응대 시에는 시니어 도움을 받으면 효과적인데, 지점장이나 본점 상품담당 부서장 혹은 사후관리 최고 책임자가 상담에 참여하는 것이 좋다. 이런 손님은 자신의 존재감을 과시하고 무시당하지 않았으며 확실하게 사과받았다고 느끼기만 하면 의외로 '뒤끝이 없는' 경우가 많다.

- PB 금기 사항: 이런 유형의 손님은 자기도 모르게 회피하게 되고 정기적인 사후관리 접촉이 안 되는 경우가 있는데, 이렇게 되면 정말 우려하는 사태가 왕왕 발생한다. 은행 PB 상대 소송이나 언론 노출 또는 빅마우스로서 당행 다른 손님들의 거래에까지 영향을 미칠 수 있다.

  ⇨ 손님은 언제든 떠날 준비가 되어 있으며 떠날 손님은 말 없이 떠난다고 한다. 불만을 표현해 준 손님은 우리가 대처할 방향을 알려 주며 기회를 준 고마운 손님이다.

▶ 사교형(Influence)

- I유형: PB가 가장 이상적으로 생각하는 손님 유형으로, 성격이 매우 사교적이어서 PB 센터 다른 직원들에게도 언제나 밝게 인사를 하고 매사에 매우 호의적인 손님 유형이다. PB랑 어쩌면 친구나 친인척처럼 매우 친근하며 상담 시에도 언제나 분위기를 주도한다.

- I유형 손님 응대 요령: 이런 유형 손님들도 손실이 발생하면 강한 불만을 표출한다. 그러나 이런 유형 손님은 많이 걱정하지 않아도 된다. 이전과 같은 호의적인 분위기를 계속 유지해 주고 불만을 잘 들어 주었다는 것만으로도 손님의 불만이 어느 정도 해소되는 경우가 많다.


▶ 안정형(Steadiness)

- S유형: 언제나 조용하고 편안한 느낌을 주는 손님 유형으로, 상품 가입도 주로 PB의 의견을 많이 따르는 경우가 많다. 평소 싫거나 부정적인 면을 표현하지 않기 때문에 PB는 관계 유지에 매우 편하게 느끼며 간혹 적극적이거나 공격적인 다른 손님에 비해 다소 신경을 덜 쓰는 경우가 많다.

- S유형 손님 응대 요령: 이런 유형의 손님은 분노 표현 방식도 직설적, 적극적, 능동적인 방식 대신 간접적이고 수동적인 방식을 선택한다. 예를 들면 아무 말 없이 은행을 바꾸거나 주위 관련 소송에 참여한다든지 인터넷이나 금감원에 민원을 넣기

도 한다. 이런 손님에게는 비교적 느긋하게 시간을 가지고 지속적으로 비언어적, 비공개적으로 따뜻한 느낌을 주며 최대한 편안한 분위기에서 손님이 불편하지 않게 사후관리를 진행해야 한다.

⇨ 이런 손님에 대해서 간혹 PB는 투자 상품이 손실이 났어도 손님이 불평하지 않는 것으로 착각할 수도 있어 사후관리에 소홀할 경우가 있다. 그러나 의외로 이런 유형의 손님은 조용히 은행 거래를 옮길 수 있으니 각별한 주의가 필요하다.

▶ 신중형(Conscientiousness)
- C유형: 매사에 매우 신중한 손님 유형으로, 투자 상품 선택 시에도 까다로울 정도로 분석적이고 객관적인 데이터 자료를 많이 요구한다. 물론 PB가 권유해 드린 투자 상품도 본인 스스로 이해가 되지 않으면 절대 가입하지 않는 경우가 많다. 간혹 융통성이 부족하고 고지식해 PB 말을 곧이곧대로 믿지 않고 좋은 투자 상품도 선택에 너무 많이 신중해 기회를 놓치는 경우도 많다. 마음에 들지 않으면 PB에게 직설적으로 싫은 표정을 드러내고 칭찬에도 인색하다.
- C유형 손님 응대 요령: 이런 유형 손님에게는 적당한 선에서 무마하려는 듯한 응대 전략은 절대 금물이다. 본인 스스로 상품 가입 시 금융 상황부터 손실 발생 시까지의 객관적인 금융 데이터를 가지고 의문이 완전하게 해소되기 전까지는 아무리

설득해도 소용이 없다. 조금 힘들어도 인내심을 가지고 손님이 원하는 자료를 충분히 제공하고 손님 스스로 결론을 내리기까지 기다려야 한다. 그러나 이런 유형 손님은 손실 투자 상품도 스스로 결정했기에 이런 과정을 거쳐 불만만 해소되면 장기적으로 충성 손님이 될 확률이 높다.

위 글은 몇 년 전 신은희 저자의 『사고 싶게 만드는 감성마케팅』이라는 책을 읽고 당시 은행에 이슈가 많았던 DLF 상품 손실 관련 손님 응대에 도움을 드리고자 작성한 것이다.

그런데 이동진 교수님 관계마케팅 책에서 '서비스 복구 패러독스'라는 개념을 읽고 금융기관 서비스 불만 손님에 대해 새로운 생각을 하게 되었다. 서비스 실패를 성공적으로 극복하면 고객의 만족은 실패가 있기 이전보다 더 높은 수준의 만족을 가지는 것이 가능하다는 주장이다. 이 책에서는 이러한 서비스 복구 패러독스 주장을 실제로 뒷받침하는 실증 결과는 많지 않다고 설명했다.

그러나 사모펀드 부실 사건 이후 여러 손님을 응대하면서 몇몇 손님에게서는 서비스 복구 패러독스를 경험한 적이 있던 것 같다. 적합한 사례일지는 모르지만 사모펀드 사후관리를 손님 입장에서 최선을 다해 응대한 PB가 손님들의 만족도 상승에 의해 조직 내부에서는 임원으로 승진한 경우도 있었다. 이미 벌어진 서비스 실패라면 오히려 보다 더 적극적으로 서비스 복구에 도전하는 것도 권유드린다.

사모펀드 상품 관련한 손실 손님을 직접 응대해 보니 상당수는 위에서 소개한 손님 행동 유형에 부합되었다. 소수 악마와 같은 투자자의 경우는 위 유형의 가장 안 좋은 면만을 모두 가질 수 있다는 것도 알게 되었다. 인간은 간혹 처음부터 악하게 태어날 수도 있음을 깨닫게 해 주는 경험이었다. 그때의 경험을 되살려 다음 장에서 불량 고객(Black Consumer)을 대처하는 방법에 대해 알아보고자 한다.

## 나만의 영업 루틴(Sales Routine) ⚐

거래를 하고 있는 손님 중 주도형, 사교형, 안정형, 신중형 유형에 부합하는 손님이 있나요? 자기 손님을 이렇게 구분하여 관리를 하면 좀 더 주의해야 하는 것들이 보입니다. 특히 서비스 실패가 발생한 경우에는 더욱 유용합니다.

# 2

# 불량 고객(Black Consumer)의
# 특징

보통 관계마케팅에는 "모든 고객이 좋은 고객은 아니다."라는 전제하에 소비자의 불량 행동을 적극 관리해야 한다는 내용이 있다. 나 또한 동의하는 전제이다. 그러나 10년 이상 PB 영업을 하면서 그래도 사람은 선하게 태어나므로 내가 최선을 다하는 모습을 보이면 시간이 지나면서 좋은 관계를 유지할 수 있다는 믿음으로 모든 손님에게 최선을 다해 왔다. 그러나 몇 년 전, 은행에서 판매한 사모 상품들이 부실해지고 고객 응대를 하면서 나의 이러한 믿음은 다소 수정이 불가피해졌다. '간혹 사람은 처음부터 악하게 태어날 수도 있다.'는 믿음으로 바뀐 것이다.

관계마케팅 책에는 불량 행동 고객에 대해 경고, 벌금, 관계의 단절, 고객 거부, 법적 대응 등 적극적인 대응을 해야 한다며, 일선 서비스 제공자를 대처 방안 수립 과정에 적극 참여시키고 현장에 권한을 대폭 이양해야 한다는 내용이 있다. 그러나 금융기관 현실은 아직 이론과는 다소 괴리가 있다. 불량 고객은 감정노동자인 서비스 제공자에게 심각한 업무 스트레스와 정서적 탈진을 주고 있으며, 특히 사모 상품 부실 이후 직원들의 사기 저하로 이제 전체 고객에게 제공하는 서비스에서도 다소 적극성이 결여되고 있지 않나 염려된다.

책에 나와 있는 대로 불량 고객을 전담하는 별도의 팀을 운영하여 불량 고객 거부 및 처벌하는 적극적인 정책 변화를 기대하기는 아직 시기상조인 것 같다. 그래서 이 글을 읽는 PB들에게 불량 고객으로부터 자기 자신을 보호하는 1차적인 방법을 제안하고자 한다. 보통 때는 불량 고객이 잘 구분되지 않을 수 있다. 투자 상품 손실 등 특별한 상황에서만 불량 고객의 진면모를 확인할 수 있는데, 이러한 불량 고객은 극히 소수이다.

그리고 이 소수의 불량 고객에게는 애초부터 뭔가 다른 구석이 있었다는 것을 곰곰이 생각해 보니 알게 되었다. 조직에서 불량 고객을 적극적으로 대처해 주지 못한다면 1차적으로 금융 서비스 제공자가 불량 고객의 징후를 미리 발견하여 애당초 문제의 소지를 만들지 않는 것이 최선일 것이다. 이에 내가 직접 경험한 불량 고객의 특징을 정리해 본다.

## ⑤ 극단적인 상대에 대한 배려심 부족

불량 고객의 가장 큰 특징은 상대에 대한 배려심 부족이다. 이런 고객의 단적인 사례가 상대와 통화할 때 자기 말만 하고 상대가 이야기할 때는 전혀 호응 없이 그저 듣고만 있는 것이다. 투자상품 소개 등 통화 시간이 긴 경우, 정말 벽을 바라보고 혼자 허공에 떠드는 심정이다. 너무 부자연스러워 "여보세요."라고 한번 확인하면 "네, 계속 이야기하세요."라고 한다. 한 30분을 벽을 보고 혼자 떠든다고 생각해 보라. 물론 이 사례는 극히 단편적이라고 할 수 있겠지만, 돌이켜 보건대 애초 배려심이 없는 인간의 징후로 인지해서 문제의 소지를 만들지 말았어야 했는데 하며 후회한다.

## ⑤ 아직 확보되지 않은 신뢰 관계

1차 전화로 투자 상품에 대한 소개를 하게 되면 추가적으로 궁금한 사항에 대한 자료 요청 정도는 얼마든지 즐거운 마음으로 할 수 있다. 그런데 이 불량 고객의 요구는 꼭 내가 한 말을 정리해서 메일로 다시 보내라는 것이다. 아직 신뢰가 확보되지 않은 것이다. 대부분의 손님은 처음부터 장기간의 관계를 유지하며 고객화하였기 때문에 이런 경험이 별로 없다. 센터에서 문제 고객을 갑작스럽게 담당하다 보니 그때는 이를 불량 고객의 징후로 인식하지 못했다. 물론 이를 불량 고객의 징후로 보지 않는다 할지라도 아직 고객과 신뢰를 확보하기 전이라면 향후 문제의 소지는 만들지 않기를 권유드린다. 이런 고객은 신뢰 확보가 우선이다. 신뢰를 형성하지 않고 그저 담당 자산관리자로서의 역할만 해 나간다면 이러한 고객은 어떠한 이슈가 발생했을 때 불량 고객으로 돌변할 가능성이 매우 높다.

## ⑤ 극히 비합리적인 사고 방식

상당수 손님들은 은행 거래를 하다 보면 합리성이 떨어지는 자기만의 주장을 하는 경우가 많다. 그러나 이 불량 고객은 지금까지도 이해할 수 없는 말들을 했다. 언젠가 배우자랑 유럽 여행을 떠나기 직전인 불량 고객과 새로운 투자 상품 관련 통화를 하게 되었다. 매우 관심을 가지며 계속 질문을 하기에 꽤 오랫동안 통화를 했다. 그런데 전화를 끊고 얼마 지나지 않아 나와의 통화 때문에 유로화 환전을 못하고 비행기에 탔다며 언성을 높이고 방법을 찾아 달라는 것이다. 물론 방법을 찾긴 했지만 그때 이 불량 고객의 징후를 발견했어야 했다는 후회를 하게 된다.

## ⑤ 이해하기 힘든 업무 처리 방식

언젠가 당행 VIP 카드를 배우자에게도 발급해 달라는 불량 고객의 요청이 있어 절차에 따라 배우자 카드를 발행해 주었다. 그런데 카드 영문 이름이 여권과 다르다고 재발행을 요청해서 신청서를 통한 방법보다는 시간도 단축하고 편리한 콜센터를 통한 방법을 제안해 드렸다. 이렇게 업무 처리가 끝났다고 생각했는데, 얼마 후 카드사에 민원이 접수되었다고 연락이 왔다. 본인들의 업무 편의를 위해 고객에게 콜센터에 전화를 하게 한다는 것이다. 물론 이런 일은 불량 고객이 아니어도 오해에 의해 일반 손님에게서도 충분히 일어날 수 있는 일이다. 다만 반복적이고 이해하기 힘든 이런 업무 처리 방식들을 불량 고객 징후로 인식하지 못했던 것을 후회하게 된다.

이상의 사례들을 읽으면서 혹시라도 단편적인 하나의 사례를 가지고 불량 고객으로 단정 짓거나 단순히 업무 처리를 좀 까다롭게 한다고 해서 불량 고객으로 판단해서는 안 된다는 점을 꼭 이야기하고 싶다. 위의 사례는 내가 불량 고객으로 판단한 고객의 여러 사례 중 대표적인 하나를 기록하다 보니 다소 단편적으로 보일 수 있다. 불량 고객 판단은 전체적인 시각에서 이루어져야 함을 다시 한번 강조한다.

지금 떠오르는 불량 고객 징후 사례가 있는지 모르겠다. 이번만은 없기를 바란다. PB 생활을 하는 동안 가급적 이런 불량 고객은 만나지 않기를 바란다. 그러나 소수이지만 만날 수 있으니 미리 징후를 파악하여 PB 스스로 문제의 소지를 만들지 않기를 추천드린다. 아직 공식적으로 서비스 거부를 할 수 없다면 PB가 스스로 판단을 해야 할 것으로 본다. 다만 악마와도 계속적인 관계를 유지하게 만드는 실적 평가가 언제나 PB의 자유로운 선택을 가로막는데, 앞장에서 터득한 신규 고객 창출 4가지 이론을 꼭 실전에서 활용하여 실적 평가에서 자유로운 PB가 되기를 간곡히 기원한다.

실제 사모 상품 부실화 이후 불량 고객 응대 과정에서 있었던 일들은 지금 여기에 다 싣지 못했다. 고통을 극복하며 느꼈던 일들, 인간이 얼마나 악할 수 있는지에 대한 실제 경험, 평범했던 은행원의 생활 방식 자체가 바뀔 정도의 충격, 이 모든 것들을 잘 정리해서 소명감을 가지고 향후 후배들이 이러한 일들을 좀 더 현명하게 대처할 수 있도록 돕고 싶다.

## 나만의 영업 루틴(Sales Routine) △

당신이 경험한 불량 고객의 사례를 적어 보세요. 불량 고객에게서 자유로워지는 방법은 '나의 충분한 영업 성과'라는 점을 기억해 주세요.

# 3

# 슈퍼 리치(Super Rich)
# 이해하기

여기서는 금융 영업의 타깃인 '돈 많은 사람'에 대해 좀 더 알아보려고 한다. 책 초반부에 우리나라 고액 자산가 중 4대 시중 은행에서 거래하고 있는 숫자를 간단히 소개했는데 이제 돈 많은 사람의 정의부터 그들의 관심사, 생각과 삶의 방식 등에 대해서도 알아보자.

인터넷에서 돈 많은 사람의 정의를 조회하면 다음과 같이 국제적으로 통용되는 자산 규모가 나온다.

### 자산 규모별 손님 구분 국제 기준

① Ultra-high-net-worth individuals (UHNWI) 〉 US$ 30 million

② Very-high-net-worth individuals (VHNWI) 〉 $ 5 million

③ High-net-worth individuals (HNWI) 〉 $ 1 million

여기에서 'UHNWI'라는 약자는 우리가 돈 많은 사람을 표시하는 대표적인 단어로 아주 많이 사용하고 있다. 원화 기준으로 최근 환율을 감안한다면 390억 원 이상의 자산을 가지고 있는 사람이라고 정의할 수 있다. 이러한 기준을 감안하여 내가 근무했던 은행의 부설 기관인 하나금융경영연구소에서는 매년 발간하는 「2023년 대한민국 웰스 리포트」를 작성할 때 다음의 기준으로 슈퍼리치를 구분하고 있다.

### 자산 규모별 손님 구분 국내 기준

① 부자: 금융 회사와 거래하고 있는 금융 자산 10억 원 이상(가구 기준) 보유자
  ▶ 슈퍼리치: 부자 중 금융 자산 100억 원 이상 또는 총자산 300억 원 이상을 보유한 부자
② 대중 부유층: 금융 회사와 거래하고 있는 금융 자산 1억 원 이상 ~ 10억 원 미만(가구 기준) 보유자
③ 일반 대중: 금융 회사와 거래하고 있는 금융 자산 1억 원 미만(가구 기준) 보유자

위에서 사용한 슈퍼리치의 기준은 나도 동의하는 자산 규모이다. 이러한 자산을 가진 손님을 만나기 위해서 정말 많이 뛰어다녔고, 이후 진정한 손님으로 만들기 위해 엄청난 노력을 했다. 위에서 소개한 리포트를 작성할 때 여러 번 설문조사 및 인터뷰에 참여한 적이 있어 본 리포트 내용을 활용하여 슈퍼리치에 대한 생각도

작성해 보았다.

본 리포트에 따르면 전 세계에서 11번째로 초고액 자산가가 많은 나라가 대한민국이며 우리나라 전체 부자의 가운데 5% 정도가 슈퍼리치라고 한다. 그리고 코로나19 팬데믹 기간 동안 새로 창출된 부의 63%를 상위 1%의 슈퍼리치가 차지했다는 분석이 옥스팜(Oxfarm)의 「슈퍼리치 생존보고서」에 소개되어 있다. 또한 슈퍼리치의 1인당 총자산은 평균 323억 원이며 연 평균 소득은 12억 원으로 기업 경영자가 다수를 차지하고 있다.

위 숫자를 보고 무슨 생각이 들었는지 묻고 싶다. 사실 현업에서 자산가를 상대로 하는 직무가 아닌 사람들은 별 감흥이 없을 것으로 생각한다. 그러나 슈퍼리치의 숫자가 급격히 증가하는 통계를 보면 왠지 좀 흥분된다. 이들을 상대로 상품을 팔고 고객화하는 것이 영업의 목적인 PB들도 비슷한 생각을 할 것으로 생각한다. 그런데 현실은 어떠한가? 이런 슈퍼리치는 영업을 통해 만나기 정말 힘들다. 또한 100억 원 이상의 금융 자산을 금융기관에서 운용하시는 손님도 그렇게 많지 않다. 이러한 이유로 이 책에서는 슈퍼리치를 고객화하는 남다른 방법들을 소개해 놓았는데, 조금이라도 공감이 되었으면 좋겠다.

은행 PB 시절 이런 슈퍼리치를 직접 발굴하여 많은 노력 끝에 실제 통장에 자금이 유치되던 날을 잊을 수 없다. 정말 큰 성취감을 느끼는 순간이었고 이후 이런 자신감으로 본격적인 아웃바운딩 영업을 시작했던 경험이 있다. 이때 신규 고객으로 유치한 이 손님은 법인 오너이면서 기업 경영인이었다. 처음 만나서 대략 3개월 정도 영업을 하여 법인 자금 2천억 정도, 개인 자금 50억 정도를 유치하였다. 이후 이 손님의 개인 자금은 2천억 정도까지 증가하였으니 정말 큰 자금이다. 이 책에서도 잠시 소개한 손님인데 국제적인 컨설팅 회사를 운영하며 PB인 나보다도 경제 지식이 월등히 많아서 첫 미팅 때는 좀 힘들었다. 고객화가 된 이후에는 오히려 아주 짧은 설명으로도 대부분 상품에 대한 이해가 끝나서 관리가 훨씬 수월했다.

## ⑤ 슈퍼리치의 통화 분산 운용

이 리포트에 또 하나 공감 가는 내용이 있다. 금융 자산의 규모가 증가할수록 외화 자산을 보유한 사람의 비중도 증가한다는 것이다. 은행에서는 손님의 자산을 관리하면서 포트폴리오를 구성할 때 꼭 빼놓지 않고 신경 썼던 항목이 이 통화 분산이다. 특히 통화 중에서도 달러는 금과 함께 안전 자산으로 간주되고 있어 굳이 금을 사려는 손님에게도 먼저 달러 자산 편입을 추천드린 적이 많았다. 이렇게 편입된 달러 자산은 코로나19 팬데믹 시절부터 지금까지 그 진가를 보여 주고 있다.

이 글을 읽는 분들도 최근의 경우는 달러보다는 엔화를 먼저 편입해 주는 것도 추천해 보고 싶다. 그런데 지금 엔화 자산은 거의 금리가 없으니 엔화를 활용해서 일본 시장 주식형 ETF나 미국장기국채에 투자하는 ETF를 사는 것도 적극 추천한다. 최근에는 엔화의 환차익을 추구하면서 미국장기국채에 투자하는 우리나라 ETF도 있으니 이를 이용하면 굳이 엔화 환전을 하지 않고도 엔화 자산을 가지고 있는 효과를 볼 수도 있다.

## Ⓢ 슈퍼리치의 부동산 투자

슈퍼리치의 부동산 투자에 대한 생각은 어떠할까? 이 리포트에서도 2023년 부동산 매입에 대한 슈퍼리치의 의견은 절반은 Yes, 절반은 No라고 응답했다. 적극 동의하는 결과이다. 슈퍼리치의 자산을 관리하면서 기존 부동산을 통해 큰 재산을 형성하신 손님과 기타 기업 경영 등으로 큰 재산을 형성하신 손님의 부동산에 대한 생각은 극명하게 나뉘는 것을 알 수 있었다.

기존 부동산 투자 손님이나 의사 등 부동산 입지의 중요성을 알고 있는 손님들은 정말 부동산에 대한 투자 의지가 매우 강하다. 언제든 좋은 입지의 부동산은 사겠다는 생각을 가지고 있고, 입지가 좀 빠지는 경우는 매매 가격이 상대적으로 떨어지면 관심을 갖는다. 압구정PB센터에 근무하면서 슈퍼리치의 수익용 부동산에 대한 이런 생각을 알 수 있었다. 최근처럼 금리가 높아 상대적으로 수익용 건물의 임대 가격이 내려가더라도 입지가 좋으면 매매 가격은 기존 가격을 유지하거나 미세하게만 떨어진다는 것도 알게되었다. 또한 부동산 고수들은 입지 좋은 부동산이 가격을 낮추지 않더라도 매물로만 나오면 이런 건물은 쉽게 살 수 없는 것이니 가격을 보지 말고 살 수만 있다면 사는 것이 좋다는 이야기를 많이 했다.

반면 기업 경영 등으로 큰 재산을 모은 손님 중에는 수익용 건물을 사는 것을 불로소득 정도로 치부하는 분도 많았으니, 부동산 투자에 대한 슈퍼리치의 생각은 극과 극인 경우가 많았던 것 같다.


## ⑤ 슈퍼리치의 미술품 투자


이제 슈퍼리치의 투자자산으로서의 미술품에 대한 생각을 알아보도록 하겠다. 사실 나는 미술품에는 전문 지식이 없어 PB 시절 공부했던 분야이기도 한데, 미술품은 역사적으로나 전 세계적으로 슈퍼리치를 포함한 부자의 자산관리 수단으로 활용되어 왔다. 가치 상승, 절세, 네트워킹 등 투자 자산으로서 매력적인 요건을 갖추고 있기 때문일 것이다. 리포트에 따르면 슈퍼리치는 40% 내외가 미술품을 보유하고 있었는데 일반 부자 대비 높은 수준이다. 슈퍼리치가 보유하고 있는 미술품의 총 가격대는 1억 원 이상이 가장 많았는데, 향후 2명 중 1명은 미술품을 추가로 구매하겠다는 의향을 밝혔다고 한다.

## ⓢ 슈퍼리치의 소득과 소비

슈퍼리치의 연평균 소득은 약 12억 원 정도인데 소비는 월 평균 3,700만 원 정도 되는 것으로 발표되었다. 그런데 소비에서 가장 큰 비중을 차지하는 항목은 모두가 생각하는 것처럼 '여행'이었다. 또 은퇴 후 생활비 원천은 대부분 금융 소득이었으며, 특징적인 부분은 슈퍼리치에게 연금의 필요성은 크게 중요치 않았다는 것이다.

### 나만의 영업 루틴(Sales Routine) △

당신이 관리하는 손님 중 슈퍼리치의 특징은 무엇인가요? 각각의 슈퍼리치 수만큼 서로 다른 특징이 있습니다. 굳이 공통점을 찾으려 하지 마시고 각각의 특징을 존중하시어 그에 맞는 맞춤형 서비스를 해야 하는 손님 집단임을 기억하세요.

# 4

# 영앤리치(Young & Rich)의
# 부상

우리는 보통 '부자'라고 하면 어느 정도 나이가 지긋하신 분들을 떠올린다. 그런데 실제 경험한 부자의 모습은 예상을 깰 때도 많다. PB로 근무하던 시절 삼성동에 있는 건물 하나를 모두 손님을 위한 공간으로 꾸민 최고 부유층을 상대로 하는 PB센터에 오픈 멤버로 참여한 적이 있다. 대부분 손님들의 거래 규모도 컸지만 무엇보다도 이 센터에는 당시 대형 온라인 플랫폼 회사 또는 게임 회사를 운영하는 젊은 CEO들이 많이 거래를 했다. 지금 이 경영자들은 막대한 부를 형성하여 대한민국 최고 부자의 반열에 올라 있다. 우리는 이들을 '영앤리치'라고 부른다. 이번 내용은 하나금융경영연구소 2022년 「대한민국 웰스 리포트」 중 영리치(최근에는 영앤리치라는 용어를 더 많이 사용하고 있음) 관련 글을 요약 정리하고 나의 영앤리치 고객화 방법을 설명하겠다.

## ⑤ 영앤리치의 정의와 특징

이 리포트에서는 부자 중에서 49세까지를 영앤리치로, 50세 이상은 올드리치로 구분했다. 경험상으로는 확실히 30~40대 부자들과 상담할 때는 표현이 적극적이고 요구 사항이 뚜렷했다.

우리가 신문기사에서도 심심치 않게 보는 영앤리치를 생각해 보자. 테크 기업이나 게임 회사가 상장을 해서 경영자는 물론 창립 멤버들까지 우리 사주를 통해 엄청난 차익을 실현하고 있으며, 인플루언서 등 과거에는 보지 못했던 새로운 고소득 직군들이 부상하고 있다. 또한 부모로부터 자녀 세대로 자산이 일찍 이전되면서 젊은 부자들이 늘고 있다. 금융 회사 PB들과 유사한 관계마케팅을 통해 고객을 관리하는 수입차 딜러를 만나 이야기를 들어 보면 그들 또한 이런 영앤리치를 주요 타깃 고객으로 생각하고 있다고 한다.

이제 이들의 정의를 다음 표를 통해 먼저 간단히 소개하겠다.

**영앤리치의 주요 특징**

| 구분 | 주요 특징 |
|------|-----------|
| 자산 내역 | • 총 자산 66억 원(부동산 : 금융 자산 = 6 : 4)<br>• 보유주택 1.7채<br>• 자산 형성의 주요 원천은 근로소득 |
| 거주지 | • 강남 3구에 밀집 거주 |
| 소속 직군 | • 회사원, 전문직 종사자가 절반<br>• 그러나 상속이나 증여받은 영리치가 자산 규모 128억 원으로 가장 부자 |

| 선호 투자 | • 부동산과 주식 투자 선호<br>• 8%는 해외 부동산도 소유<br>• 레버리지 활용도 주저하지 않음 |
|---|---|
| 소득 규모 | • 연평균 소득은 4억 원<br>• 복수의 소득 파이프 라인 보유 |
| 정보 취득 | • 커뮤니티 기반의 투자 정보 교류 선호 |

\* 출처: 하나금융경영연구소

위 표의 영앤리치의 특징에 대한 설명을 추가해 보고자 한다. 동료 PB 한 분의 영앤리치에 대한 인터뷰 내용 하나를 소개한다.

　

“올드리치는 노동력을 대가로 자산을 축적한 사람이라면,

영앤리치는 아이디어로 돈을 번 사람들이다.”

　

매우 공감 가는 이야기이다.

영앤리치는 자산 형성의 주요 원천에 따라 보유 자산 규모의 차이를 보인다. 가족으로부터 상속 및 증여가 자산 형성의 주 원천인 영앤리치의 경우 총자산이 1인 평균 128억 원으로 가장 크고, 근로소득이 주 원천인 경우가 39억 원으로 가장 낮았다. 사업 소득을 기반으로 재산을 형성한 영앤리치는 총자산 평균이 70억 원이고, 재산 소득으로 자산을 모은 영리치는 67억 원이었다.

또한 상속이나 증여로 부를 형성한 영앤리치는 총자산의 70% 이상이 부동산으로 타 원천 대비 부동산 비중이 월등히 높은데, 이는

아무래도 그동안 증여의 수단으로 현금성 자산보다는 부동산이 기준 시가를 활용할 수 있어 더 유리했기 때문일 것으로 생각한다.

영앤리치의 75%가 근로, 사업, 재산(부동산, 금융 상품의 이자 및 배당 등), 기타 소득 중 2가지 이상의 조합으로 소득을 창출하고 있다. 근로 소득에만 의존하지 않고 적극적인 패시브 인컴(Passive Income)을 추구하는 것으로도 조사되었다. 영앤리치의 자산을 관리하는 PB는 당연히 이들의 추가적인 소득 창출에 기여할 수 있어야 하므로 스스로의 많은 개발이 필요하다.


## ⓢ 영앤리치를 고객화하는 방법

7~8년 전쯤 삼성동 테헤란로 인근에서 PB로 근무하던 시절 사례를 하나 소개하고자 한다. 우연히 기존 영앤리치 고객의 지인이 PB센터를 방문했다. 인근에 근무한다고 하며 입출금 계좌를 하나 만들고 간 젊은 손님이었다. 그런데 어느 순간 입출금 계좌에는 꽤 큰 금액의 자금이 입금되고 출금되기 시작했다. 전화를 해 내용을 물어보니 가상화폐 거래를 시작했다고 했다. 이 손님은 게임 개발자로 당시에 테헤란로에 위치해 있던 게임 회사 대표였다. 당시 막 거래가 시작되고 있었던 암호화 화폐에 대해 지인들과 정보를 교환하며 투자를 하고 있었던 것이다.

당시에는 비트코인 가격이 굉장히 쌌던 초기 시장으로 PB인 나로서는 아직 이해도가 높지 않았었다. 그런데 어느 날 갑자기 이 손님의 입출금 계좌에 수십억의 자금이 입금되었다. 잠시 시장 상황을 지켜보기 위해 가상 자산을 모두 처분했다고 했다. 나는 PB의 주특기를 살려 은행에서의 자산운용 방법과 아직 본인 소유의 주택이 없었던 손님에게 대치동 재건축 아파트의 매입을 추천했다.

상당한 시간이 지나 연락을 해 보니 나의 추천으로 재건축된 신축 아파트를 매입했다고 했다. 최근 비트코인 가격이 1억 원을 넘게 올라가는 것을 보고 당시 아파트 매입 추천을 다시 한번 생각해 보게 되었다. 물론 당시 매입한 아파트도 지금은 적지 않게 가격이 올랐다. 당시 투자하고 있던 가상화폐 종류가 무엇인지는 잘 모르나 그래도 가상화폐 투자를 계속했으면 수익률은 더 좋았을 것 같다는 생각을 해 본다.

영앤리치를 고객화하고 자산관리를 하기 위해서는 가급적 그들과 같은 관심을 가질 수 있어야 하고 그들의 눈높이에서 대화가 가능해야 한다. 그들이 가상화폐에 투자하고 있으면 PB 또한 빨리 관심을 갖고 공부를 해야 한다. 그들이 미술품을 투자하고 싶다거나 해외 부동산을 취득하고 싶다면 같이 고민해 주고 또 최선을 솔루션을 줄 수 있어야 한다.

영앤리치는 비교적 호불호가 명확해서 처음에는 PB 입장에서 좀 까다롭다는 느낌을 받을 수도 있다. 하지만 영앤리치 고객 집단에서 하나의 파트너로 PB가 역할을 해내기만 한다면 올드리치보다 훨씬 관리도 편할 뿐 아니라, 영앤리치들 간의 활발한 커뮤니티를 통해 지인 소개도 비교적 왕성하게 이룰 수 있다.

정리해 보면, 영앤리치에 특화하여 영업을 시작해 보고 싶다면 먼저 그들의 리그에 내가 참여할 수 있는지를 잘 생각해 보고 나이, 성격, 취미, 라이프 스타일 등 그들과 동화될 수 있는 것들을 잘 활용하여 영앤리치에게 접근해 보기를 추천하고 싶다.

## 나만의 영업 루틴(Sales Routine)

요즘 부상하고 있는 영앤리치를 고객화하고 관리하기 위해 당신은 준비가 되어 있나요? 아직 준비가 부족하다면 먼저 그들과 함께 공감 가능한 활동부터 시작하십시오.

# How to
# 상속마케팅

# 1

# 상속마케팅 개요

앞에서는 금융기관에서 돈(자산)이 많은 사람을 신규로 고객화해야 하는 영업 직원들에게 도움이 될 수 있는 방법들을 관계마케팅에 근거하여 제시해 보았다. 그 내용의 핵심은 아래와 같이 정리할 수 있다.

- 고액 자산가를 만나서 고객화 성공 확률을 높이기 위해 갖
  춰야 할 것들
- 새로운 고액 자산가를 계속 찾을 수 있는 방법들

금융기관 영업 직원이 그렇게 만나기 힘들었던 고액 자산가를 만나게 되었을 때 잠재 고객의 니즈를 빨리 발견하고 적절한 솔루션을 제공하여 만남의 횟수 3회를 초과하여 결국 고객화에 성공할 수 있는 구체적 방법을 제시해 보고자 한다.

고객 관계마케팅을 한마디로 정리해 보면, 고객 가치의 제공을 통해 고객 만족과 신뢰 및 충성도를 향상시켜 장기적으로 경제적

성과를 만들어 내는 것이라고 할 수 있다. 고객 가치 제공 단계는 금융기관에서 새로운 고객을 계속 발굴해야 하는 직원들에게 있어서는 가장 중요한 단계이다. 그래서 이 단계를 잠재 고객의 니즈를 재빨리 발견하고 적절한 솔루션을 제공하는 과정이라고 풀이해서 설명하였다. 바로 우리가 말하는 영업을 달리 표현한 것이다.

## ⑤ 고객의 니즈(Needs) 분야와 발견

먼저 고객 니즈에 대해 좀 더 설명해 보고자 한다. 일반적으로 금융기관 영업직원을 만나는 고객의 니즈 분야는 무엇일까? 대출, 예금, 자산관리 등을 말할 수 있으나 만약 자산관리를 전문으로 하는 PB가 잠재 고객을 만난다면 그들이 발굴할 수 있는 고객 니즈 분야는 훨씬 넓어진다. 보통의 돈 많은 사람이 관심을 가질 만한 모든 분야인 것이다. 주식, 채권, 대안투자 자산 등을 포괄한 종합 자산관리, 상속 증여세를 위시한 세금, 수익용 빌딩, 부동산 등 이상 세 가지 분야가 대표적인 관심 분야이다. 그래서 이 분야는 PB를 준비하는 사람들이 반드시 공부해야 하는 지식 분야이다.

그런데 이렇게 니즈가 생길 만한 여러 분야를 공부했어도 잠재 고객을 처음 만나면 니즈 발견이 쉽지 않은 경우가 많다. 보통 처음 만나는 금융기관 직원에게 잠재 고객이 스스로 자신의 니즈를 말하는 경우는 드물기 때문이다. 딱히 당장 해결해야 하는 니즈가 있는 경우 외에는 금융기관 직원의 숙달된 상담 스킬이 있어야 잠재 고객의 잠재 니즈를 발굴할 수 있다.

이러한 외부 고객 상담 스킬의 부재가 금융기관, 특히 은행 영업 직원의 신규 고객 창출 저조의 주요 원인이다. 일단 영업 직원이 영업 타깃인 고액 자산가 잠재 고객을 신규로 만나기도 힘든데, 어렵게 만나게 된 타깃 잠재 고객을 잘 관리해서 원하는 고객화를 이루어 내기는 더욱 힘들다.

과연 어떻게 하면 잠재 고객의 잠재 니즈를 쉽게 발견하고 적절한 솔루션을 제공함으로써 결국 고객화 성공 확률을 높일 수 있을까? 앞서 하나의 방법으로 돈 많은 자산가들이 관심 가질 만한 분야 중 최소한 한 분야 정도는 금융 영업을 하는 직원이 전문가가 되어야 함을 강조했다.

영업을 하는 금융기관 직원은 손님의 모든 니즈에 대해 본인이 직접 솔루션을 제공할 필요는 없다. 실제 오랜 시간 동안 외부 신규 고객 영업을 해 온 경험으로 미루어 보면, 각 분야별 최선의 솔루션 제공이 가능한 전문가를 적절히 활용했을 때 고객 만족도가 오히려 더 향상되는 경우가 많았기 때문이다.

그러나 신규 고객을 상담할 때 잠재 고객의 짧은 이야기를 듣고도 재빠르게 영업의 기회로 활용할 수 있는 니즈를 발견하기 위해서는, 영업하는 금융기관 직원이 어떠한 한 분야에 전문적인 지식과 경험을 가지고 있으면 매우 유리하다. 또한 어떠한 당장의 해결 니즈가 없는 잠재 고객에게 잠재 니즈를 개발해 주기 위해서는 전문가의 경험에서만 나올 수 있는 '맛깔 난' 스토리가 필요하다. 이러한 스토리여야만 잠재 고객이 관심을 가지고 계속적인 관계를 유지할 수 있기 때문이다.

은행에 해결해야 하는 니즈를 가지고 자기 발로 걸어 들어오는 고객을 워크인(Walk-in) 고객이라고 하는데, 과연 경쟁이 갈수록 치열해지는 금융기관 고액 자산가 마케팅에서 이런 신규 손님을 얼마나 더 기대할 수 있겠는가?

## ⑤ 금융기관 영업 직원에게 매력적인 영업 기회, 상속

이번 장에서는 5년 동안 전문가로 활동한 세금이라는 분야를 통해 구체적으로 어떤 잠재 고객에게 어떤 세법 지식과 경험(스토리)을 활용해 고객과 추가적인 관계를 유지하고 결국 고객화에 성공할 수 있었는지에 대해 설명하고자 한다.

세금의 영역은 사실 단숨에 정복하기에는 그 범위가 매우 넓다. 또한 너무 어려운 부분이 많아 독학을 통해 정복하기에도 힘든 영역이다. 그러나 이 방대한 세법 영역 중 금융기관 잠재 고객 영업 목적으로 가장 적절한 상증세법 중 먼저 상속이라는 분야를 통해 실제 경험했던 스토리 등을 곁들여 쉽고 생생하게 전달하여 금융기관 영업 직원들이 바로 활용 가능하도록 해 드리고 싶다.

'상속'이라는 이벤트는 금융기관의 영업 직원에게 아주 매력적인 영업 기회임에 틀림없다. 먼저 상속은 손님의 니즈를 급한 순서로 구분해 보았을 때 당장 6개월 이내에 해결해야 하는 아주 '시급한(urgent)' 니즈에 속한다. 증여와 비교해서 본다면 쉽게 이해할 수 있는데, 만약 여러분이 어떤 잠재 고객을 만나서 증여라는 니즈를 발견하려고 한다고 해 보자. 사전 증여는 절세의 기본적인 수단이다. 그러나 잠재 고객의 입장에서는 사전 증여가 미래에 정말 큰 절세가 된다고 해도 지금 당장 적지 않은 증여세를 납부해야 하는 관계로 상속에 비해 시급하게 느껴지지 않는 경우가 많다.

그러나 피상속인의 사망일이 속하는 달의 말일로부터 6개월 이내에는 상속세 신고 및 재산 배분을 해야 하는 관계로 상속은 매우 급한 니즈라고 할 수 있다. 이렇게 급하게 처리해야 하는 니즈를 발굴하는 것이 잠재 고객과의 관계를 유지시키는 데 유리하다는 것은 말하지 않아도 이해 가능할 것이다.

그리고 상속은 고액 자산가를 타깃으로 하는 금융기관 영업 직원에게 매우 유용한 기능을 제공해 준다. 바로 돈 많은 잠재 고객만을 선별적으로 만나게 해 준다는 것이다. 왜냐하면 상속세는 기본 자녀가 있고 배우자가 살아 있는 경우 10억 원까지의 상속 재산에 대해서는 세금이 없기 때문이다. 물론 배우자공제를 잘 활용한다면 그보다 더 큰 재산을 남긴 상속의 경우에도 세금이 그렇게 크지 않은 경우가 많다. 다시 말해서 상속세를 고민하는 것 자체만으로도 그 잠재 고객은 어느 정도 재산 규모 이상의 고액 자산가임에 틀림이 없는 것이다.

울돌목 뜰채 숭어잡이 장면

내가 이 상속 강의를 할 때 언제나 사례로 드는 이야기 하나를 소개하고자 한다. 이순신 장군의 명량해전이 있었던 진도 울돌목을 잘 알 것이다. 그러나 여기에서 이루지고 있는 뜰채 숭어 낚시를 아는 분은 많지 않을 것이다. 울돌목 거센 물살을 거슬러 올라가는 숭어를 재빠르게 뜰채로 낚아채는 숭어잡이는 울돌목의 명물 볼거리로 숭어를 낚아채는 광경을 목격한 관람객들은 한결같이 탄성을 지르며 "저렇게 숭어를 쉽게 잡는 방법도 있구나." 하고 한마디씩 한다.

바로 상속이라는 이벤트가 아주 선별적으로 고액 자산가만 신규 고객화할 수 있는 뜰채낚시만큼 손쉬운 수단을 제공하는 것이다. 울돌목 빠른 물살이 흐르는 가장자리에 튼튼한 뜰채만 하나 들고서 있으면 자연의 순리에 따라 그 물길을 거슬러 올라가는 숭어를 만날 수 있는 것처럼 말이다. 세상의 모든 고액 자산가는 자연의 순리에 따라 죽음을 피할 수 없으므로 상속이라는 세금 분야를 잘 준비해서 기다리고 있으면 상속이 발생한 고액 자산가의 2세를 계속적으로 만날 수 있게 된다.

이제 상속이라는 이벤트를 영업 수단으로 활용하는 것이 얼마나 중요한가를 모두 이해하셨을 것이다. 이 글을 통해 우리가 공부했던 상속세법을 잠재 고객영업에는 어떻게 활용하는지를 세법지식, 활용 사례, 마케팅 방법 등을 활용해서 소개해 보도록 하겠다.

### 나만의 영업 루틴(Sales Routine) △

지금까지 손님 자산관리를 하는 동안 몇 번이나 손님 상속이 있었나요? 가장 기억나는 상속을 생각해 보고 그때의 성과는 어떠했는지 기록해 보세요. 혹시 성과보다는 세금으로 큰 자산만 유출되었다면 앞으론 필자의 '상속마케팅'을 활용해 보세요.

# 2

# 상속세 기본 정리

고객 상담을 위해 기본적으로 알아야 할 상속세법 지식을 아주 쉽게 글로 적어 보도록 하겠다. 그냥 세법이라고 생각하지 말고 앞으로 상속마케팅을 위한 기본 지식 정도라고 생각하면 좋겠다.

제일 먼저 상속과 관련된 상담을 할 때 실수하면 안 되는 단어가 피상속인과 상속인의 구분이다. 말 그대로 피상속인이 돌아가신 분이다. 앞 글자에 '피'자를 보면 왠지 죽음이 연상된다고 과거 CPA 준비 때 학원강사가 했던 이야기가 갑자기 생각난다.

## ⑤ 상속세 신고 기한 및 확정 기한

상속세는 피상속인 사망일이 속한 달의 말일에서 6개월 이내에 신고를 해야 하고, 신고 후 9개월 이내에 국세청에서 확정을 해 주는 세금이다. 그런데 사망 후 6개월이라는 시간이 결코 긴 시간이 아니다. 제일 먼저 이 기간 동안 피상속인의 재산 내역을 파악해야 하고, 상속세 신고를 위해 대략 과거 10년 동안의 금융 거래 내역 조회도 필요하다. 그리고 가장 쉽고도 어려운 문제는 피상속인의 재산 분할이다.

대부분 상속 재산이 클수록 재산 분할에 다소 어려움이 있는 경우가 많은데, 이러한 상황이 발생하면 거의 신고 기한 6개월은 그냥 지나가는 경우가 많다. 그래서 6개월이 되면 가장 쉬운 방법인 민법상 재산 분할 방법을 따르게 된다. 상속 재산은 배우자공제를 활용하여 분할만 잘하여도 세금이 많이 절세된다. 그러나 재산이 많고 직계비속 외에 사위나 며느리가 관여하는 순간 원만하게 분할되지 않는 경우가 자주 발생한다.

은행에서 세무 전문가로 일을 하면서 보통 세무사들이 경험하지 못하는 이런 상속 재산 분할 조정을 유능한 국세청 출신 세무사님과 같이 여러 번 해 본 적이 있다. 여러 사례 중 집안의 의사결정을 아직 어머니가 하고 있는 사례를 설명해 보고자 한다. 돌아가신 아버지의 재산 분할을 하는데 신고 기한 6개월이 거의 다 되었어도 도저히 협의 분할이 이루어지지 않았다. 베테랑 세무사님의 제안으로 어느 날 저녁 딸과 아들만 어머니 집으로 오게 하고, 올 때 인감도장과 인감증명서를 가지고 오도록 했다. 물론 사위와 며느리는 오지 못하게 했다. 저녁 식사를 하고 대략 저녁 7시부터 절세와 향후 상속 재산 관리상의 편의 및 돌아가신 아버지의 유지를 따라 세무사가 재산 분할 방안을 설명했다. 결과는 어머니 외에는 동의하지 않았다.

당연한 결과일지 모른다. 상속 재산 중에는 누구나 선호하는 재산이 있고 또 지방의 임야 같은 부동산은 어느 정도 평가 가액이 되더라도 선호하지 않았다. 가장 효과적인 상속 재산의 분할 방안은 한 번 더 설명하기로 하였다. 이날 저녁 처음 이야기를 시작하면서 상속 재산 분할에 동의하기 전까지 절대 집에 돌아가지 않기로 원칙을 세웠다. 많은 조정과 설득 끝에 결국 저녁 12시가 훨씬 넘어서야 상속 재산 협의 분할 계약서에 모두 인감도장을 날인할 수 있었다. 세무사님 말에 의하면, 그나마 피가 섞이지 않은 사람은 참석하지 않아 이 정도라도 합의가 이루어졌다고 했다.

이렇게 상속세 신고 기간 6개월이 금방 지나간다. 상소세를 신고하면 국세청에서 대략 9개월 정도의 기간 내에 세무조사를 해서 세액을 확정해 준다. 요즘은 신고를 하면서 미리 언제쯤 세무조사를 받겠다고 신청하면 그때 맞춰 조사를 받을 수도 있다.

Ⓢ 상속세 세무조사

사실 이 부분은 세법책에는 나오지 않는 내용이나 상속인들이 가장 듣고 싶어 하는 이야기이다. 다행히 손님의 상속세 신고 과정을 실무 세무사와 함께 진행한 적이 많아 상속세 관련 고객 상담을 위해 도움이 되는 내용들을 몇 가지 적었다. 사실 상속세 신고는 일선 세무사 중에서도 실제 신고해 보지 못한 세무사가 매우 많다고 한다. 상속세는 최근 기준에서도 대략 전 국민의 4.6% 정도만 신고를 하는 세금이니 이런 신고를 해 보지 못한 세무사가 많은 것은 당연할 것이다. 그래도 최근 들어 서울의 경우 어지간한 강남의 집 한 채만 있어도 상속세 신고 대상이 되니 이 정도로 신고 수요가 늘어났다고 봐야 하겠다.

상속세 세무조사에 있어 납세자 입장에서 가장 중요한 이슈는 과연 세무조사의 주체가 일선 세무서인가 아니면 지방국세청인가 하는 것이다. 왜냐하면 일단 지방청에서 세무조사가 이루어지면 조사 기간도 길고 조사 인력도 많아 납세자의 부담이 매우 커지기 때문이다. 지방국세청의 경우, 피상속인의 과거 10년 정도의 금융 거래 및 각종 납세 기록을 바탕으로 세무조사를 하는데, 세무사의 조력을 받아도 피상속인의 모든 내역을 알기란 매우 어렵다. 몇 년 전 본인의 금융 거래 내역도 기억 못 하는 경우가 많지 않은가. 거래 내역 중 일정 부분 이상 소명이 안 되면 세금으로 추가 과세되는 경우가 많다.

세무조사 기관 선정에 획일적인 기준은 없지만 대략 서울 강남 3구를 기준으로 볼 때 상속 재산 기준 50억 원을 초과하면 서울지방국세청에서 세무조사를 하는 것으로 보고 있다. 물론 재산 내역 및 피상속인의 과거 세금 신고 내역 등도 참고해야 하나, 일단 상속 재산 규모가 크면 지방청 세무조사 가능성이 높다. 이런 경우라면 가급적 과거 국세청에서 관련 업무를 해 본 세무사 또는 대형 세무법인의 조력을 받는 것이 좋다.

일단 지방청 세무조사가 나오면 이미 사전 조사를 통해 나름 추가 과세를 위한 혐의점을 찾아서 오는 경우가 많다. 최근에는 실제로 이러한 혐의점들이 초기에 잘 소명되면 더 이상의 조사 없이 종료되는 경우도 있다. 그래도 세무조사 또한 기회비용이 있으니 국세청 입장에서도 일단 조사를 시작하면 소기의 실적을 거두려고 하는 경향이 있다. 이 때문에 세무 대리인 또한 많은 준비와 전략적 대응을 통해 추가 납세액을 최소화하려고 노력한다. 어쩌면 상속세 신고에 있어 세무 대리인 선정이 가장 중요하다고 해도 과언은 아닐 것이다.

다시 말해, 상속세는 누가 신고해도 똑같은 세액이 나와야 되는 것은 당연한 내용이지만, 이러한 세무조사의 과정 때문에 누가 세금 신고를 하느냐에 따라 세액이 달라질 수도 있다는 것이다. 실제로 활용되는 전략들은 나중에 기회가 주어진다면 강의로 설명하겠다.


## ⑤ 상속세 연대납세의무

아직까지 우리나라 상속세는 피상속인의 전체 재산에 대해 과세되는 세금이다. 이러한 이유로 상속인은 본인이 받은 상속 재산의 상속세 한도까지 연대납세의무가 있다. 다시 말하면, 국세청에서는 만약 상속세가 모두 징수되지 않으면 상속인 중 가장 징수가 용이한 납세자의 고유 자산에 대해서도 압류 등의 방법으로 과세할 수 있는 것이다. 이러한 과세 방법으로 만약 가족 중 상속 재산을 지키지 못할 정도의 상황에 처해 있는 상속인이 있다면 다른 상속인은 부담을 가질 수 있어 이에 대한 컨설팅도 반드시 필요하다.

이제 이러한 연대납세의무를 이용하여 배우자공제를 활용한 상속 재산 효율적 분배 방법을 설명하고자 한다. 만약 아버지가 먼저 돌아가셨다고 가정하면, 일단 배우자에게 현금성 자산을 많이 배분하고 이를 이용해 배우자공제를 최대 30억 원까지 받는 것이 중요하다. 물론 이 30억 원은 민법상 배우자 지분의 한도까지만 공제가 가능하다. 다시 말해, 민법상 배우자 지분이 30억 원을 초과하고 또 실제로 배우자에게 재산을 30억 이상을 분배했을 때 공제 가능한 금액인 것이다. 이렇게 배우자가 분배받은 현금성 자산은 전체를 상속세로 납부해도 따로 상속인 간 증여세 이슈가 없어 이를 활용하는 것이 상속 재산 분배의 기본이다.

이후 부동산 자산은 가급적 한 자녀에게 각 부동산 전체 지분을 주는 것이 나중에 재산권 행사 측면에서도 유리하고 자녀들 간의 또 다른 분쟁을 방지하는 방법이다. 물론 한 자녀에게 하나씩 똑같은 부동산을 줄 수 없는 경우가 많으므로 쉽게 상속 재산 분할이 되지 않는 사례가 많다. 그래도 원칙을 이렇게 잡고 상속 재산 분할을 출발하는 것이 옳은 방법이라고 추천하고 싶다.

## ⑤ 상속세 금액 속산 방법

다음은 상속세를 상담할 때 기본적인 세액을 가늠하는 방법을 설명하고자 한다. 일단 배우자가 살아 있고 자녀가 있으면 일괄공제를 통해 기본 재산 10억 원까지는 세금이 없다. 그리고 앞에서 설명한 배우자공제 및 각종 다른 공제를 감안하고 상속세 과세표준이 30억 원이 넘을 때부터 50%의 세율이 적용된다. 일단 빌딩이 하나 있고 가액이 100억 원 이상이라면 상속세는 대강 전체 재산 50%보다는 약간 작은 규모로 예상하고 상담을 하면 된다. 물론 배우자공제를 잘 활용하여 효율적으로 상속 재산을 분배하면 세금을 좀 더 줄일 수 있다.

## ⑤ 민법상 유류분(遺留分) 제도와 부담부증여

상속세법은 아니지만 상담할 때 꼭 알아야 하는 민법상 유류분 제도와 부담부증여에 대해 설명해 보고자 한다. 먼저 유류분 제도는 피상속인이 아무리 재산을 주고 싶지 않은 자녀에게도 본인의 재산 중 자녀가 민법상 받아야 되는 법정 지분의 반은 주어야 한다는 제도이다. 민법상 법정 지분은 배우자는 1.5, 자녀는 1로 배분하도록 되어 있으므로 어떤 자녀도 본인 지금의 법정 지분의 반인 0.5는 부모의 상속을 통해 받을 수 있다는 것이다. 이러한 유류분 제도 때문에 자녀들과 사이가 좋지 않은 손님의 경우는 자산 승계를 할 때 많은 고민을 토로하곤 한다.

다음 부담부증여인데, 이는 부담을 함께 증여한다는 의미이다. 만약 대출이 30억 원이 있는 시가 100억 원 건물을 부모가 자녀에게 증여할 때 대출 30억 원을 자녀가 부담하는 조건으로 이 건물을 증여받으면 자녀는 증여세를 100억 원에 대해서가 아니라 30억 원을 차감한 70억 원에 대해서만 납부하면 된다. 대신 부모는 향후 대출 30억 원의 부담이 없어지므로 이 부분에 대해서는 양도세를 납부하게 되는 것이다. 보통의 경우 이러한 방법을 활용하면 전체 납부세액은 줄어들게 되며, 특히 양도세의 납부 주체는 수증자인 자녀가 아니고 부모이므로 더욱 자산 승계 효과가 크게 나타나는 것이다.

이상의 기본 지식을 바탕으로 상속마케팅을 어떻게 진행하는지 계속 설명해 보도록 하겠다.

## 나만의 영업 루틴(Sales Routine) △△

상속마케팅을 위한 가장 기본적인 지식을 정리했는데, 당신은 어느 정도 알고 있는 내용입니까? 만약 모르는 내용이 있다면 상속 증여세법을 한 번 더 읽어 볼 것을 권유드립니다.

# 3

# 상속세 Time Table

첨부한 상속세 Time Table은 내가 10년 이상 세법개정안을 반영하여 한 땀 한 땀 만들어 상속 상담할 때 활용하는 자료이다. 일단 이 표를 100% 이해하기 위해서는 상속세에 대한 추가적인 지식이 필요한데, 만약 이 표가 눈에 확 들어온다면 당신은 상속세에 대해 많은 지식이 있다고 자신해도 되겠다. 내일 당장 상속마케팅을 시작해도 된다.

일단 이 테이블 활용 방법을 알려 드리도록 하겠다. 이 표는 상속세를 시계열적으로 쉽게 이해할 수 있도록 만든 자료이다. 또한 피상속인의 재산 규모가 클수록 상속 전후 10년 동안 세금 신고 대상에 있다는 것을 설명하며 상속인에게 일종의 '공포마케팅'을 진행하기 위해 만든 자료이다. 인간의 탐욕과 공포를 대상으로 한 마케팅 중에 어느 것이 더 효과적이겠는가? 두말할 것 없이 공포를 대상으로 한 마케팅이 훨씬 더 효과적이다. 물론 공포마케팅이 효과를 보기 위해서는 정보의 제공자와 수요자 중 제공자가 월등히 우월한 정보와 지식을 가지고 절대적인 정보의 비대칭을 이뤄야 가능하다. 만약 상속인 중 회계사 자녀가 있다면 공포마케팅을 생각하지 말아야 할 것이다.

공포마케팅이란 인간의 공포를 이롭게 활용하자는 것이다. 대부분의 집안은 상속이라는 이벤트가 자주 일어나지 않는다. 평생 부모님 두 분의 상속은 딱 두 번 발생한다. 상속세 신고는 모르는 분야이니 당연히 공포스러울 수밖에 없다. 이런 상황에서 상속 절차 및 신고 방법 등을 알기 쉽게 설명할 수 있다면 상담 초기 손님의 마음을 사로잡아 향후 진정한 손님이 될 가능성이 그 어떤 상담 때보다 높아지는 것이다.

이 표에서 덧붙이고 싶은 설명은 상속세 연부연납이다. 상속세는 보통 세금 규모 대비 피상속인의 현금성 자산이 적은 경우가 많아 분납할 수 있게 만든 제도이다. 올해부터는 상속세가 2,000만 원이 초과하는 경우 첫 신고할 때 전체 세금의 11분의 1을 납부하고 이후 10년에 걸쳐 납부할 수 있는 제도를 말한다. 물론 이 경우 일정 담보를 국세청에 제공해야 하며 미납 세금에 대해서는 3.5%의 가산금이율이 부과된다. 그런데 이 이율이 은행 대출 이자율에 비하면 낮은 편이어서 현금이 없다면 가급적 연부연납을 신청하는 것이 유리하다고 할 수 있다.

또한 상속 재산 중 부동산과 유가 증권이 전체 재산가액의 50%을 초과할 경우, 세무서 허가를 얻어 부동산 또는 유가 증권을 납부할 수 있는데 이를 '물납'이라고 한다. 과거에는 상속 재산 중 비상장 회사 주식을 이런 식으로 많이 물납했는데, 요즘은 이러한 방법도 제한적으로 세무서에서 받아 주고 있다. 그러나 지금도 상속 재산 중 지방의 임야나 그린벨트 지역 토지 등 상대적으로 향후 재산 가치가 떨어지는 부동산은 이런 식으로 물납을 하는 경우가 많다.

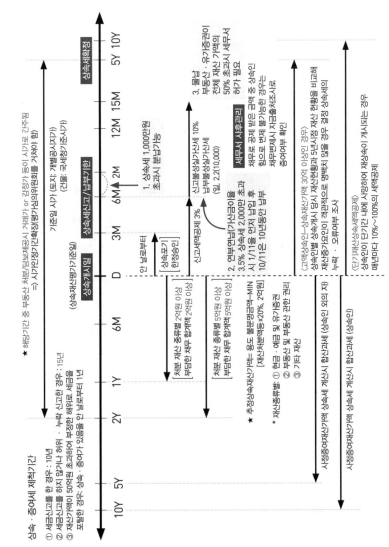

## 나만의 영업 루틴(Sales Routine) ⚠️

이 상속세 테이블은 상속세를 시계열적으로 쉽게 이해할 수 있도록 만든 자료입니다. 당신의 이 테이블에 대한 이해도는 어느 정도 되나요? 이를 이용해서 또 다른 자기만의 상속마케팅 자료를 만들 수 있기를 바랍니다.

# 4

# 상속 예금 지급하기

 

금융기관에 근무하는 PB의 고객이 사망하여 상속이 발생하게 되면 그 재산의 규모가 크든 작든 피상속인의 상속 예금을 상속인에게 지급하는 절차가 필요하다. 보통의 경우는 전체 상속인이 지점을 방문하거나 오지 못하는 경우에는 인감증명서를 첨부하여 지급위임장으로 처리한다.

그러나 간혹 피상속인의 유언공정증서에 따라 상속 예금을 지급해야 하는 경우도 있다. 대부분 집안에서 미리 사전 증여를 했거나 다른 사정 등으로 피상속인이 미리 유언을 남긴 경우이므로 상속인들 간 관계가 썩 좋지 않을 때가 많다. 당연하게 상속인 모두 금융기관에 방문하지 못한다고 생각해야 한다. 이런 상황에서도 상속 후 첫 번째 마케팅 기회를 잘 살리기 위해서는 상속 예금 지급 정도는 매우 깔끔하게 처리할 수 있어야 하기에 우선 절차를 소개하도록 하겠다.

유언공정증서에 따라 상속 예금을 지급하기 위해서는 제일 먼저 공증인가 법무법인에 연락하여 유언 증서 작성 사실을 확인해야 한다. 이후 유언 집행자로부터 유언 철회 여부 확인서 및 유언 집행자 취임통지서를 받아야 한다. 만약 타 금융기관에서 이런 절차 없이 상속 예금을 지급해 준 경우가 있다면, 이러한 서류 요청도 이들 상속인에게는 불만이 될 수 있다. 그런 경우 혹시 상속인 중 한 사람이 모든 잔여 상속 재산을 받는 유언서인지를 확인해서 이런 경우라면 민법 1078조 포괄적 유증에 해당하여 상기의 서류 요청 없이도 상속 예금 지급이 가능하니 꼭 확인해 보기 바란다.

이렇게까지 내용을 설명할 수 있는 이유는 당연히 직접 경험한 일이기 때문이다. 이 고객은 내가 10년 이상 자산을 관리한 분이다. 자산관리자를 넘어 집안의 소소한 일까지도 해결해 드렸던 진정한 인생의 동반자 정도의 역할을 해 왔다고 자부하는 분이다. 특히 자녀분들이 대부분 해외에 체류하는 관계로 남편이 사망 전 한국에 있는 배우자에게 상속 재산을 모두 주는 것으로 유증을 한 경우이다. 그런데 그때까지는 유언서에 의한 상속 예금 지급 경험이 많지 않아 다소 시간이 지연되었다. 그러던 중 상대적으로 예금 규모가 크지 않았던 다른 금융기관은 상속 예금 지급이 바로 이루어져 손님으로부터 많은 불만을 들은 적이 있다. 물론 이 경우는 내가 오랜 시간 관리해 오던 손님이라 그동안의 관계 덕분에 계속적인 거래가 가능했다. 만약 이분이 아직 거래를 시작하지 않은 자녀분들이었다면 더 이상의 거래는 단절되었을 것이다.

요즘은 주된 상속인이 해외에 거주하는 비거주자인 경우도 자주 있다. 이 경우 비거주자에게 상속 예금을 지급하기 위해서는 국세

기본법에 따라 세무서에서 교부한 '납세관리인 설정신고에 대한 확인서'가 필요하다. 통상 이 확인서는 상속세 신고 이후에나 나오는 서류이므로 이런 경우는 상속 예금 지급을 일단 상속인 중 거주자가 있으면 이분에게 먼저 지급한다. 이후 상속세 신고 전 상속 재산 분할을 통해 비거주자가 분배받는 방법도 있음을 경험했던 사례가 있어 알려 드리고 싶다.

상속마케팅에서 상속 예금 지급은 온전히 금융기관 PB가 처리해야 한다. 그래서 이 부분에 있어서는 제일 전문가여야 하므로 꼭 이 부분은 숙지해 두었으면 한다.


### 나만의 영업 루틴(Sales Routine) △

유언공정증서에 따라 상속예금을 지급해 본 적이 있나요? 혹시 아직까지 없었다면 이 글을 메모해 두세요.

# 5

# 첫 상속 상담 시
# 꼭 얻어 내야 할 것


앞서 신규 손님을 만나서 정확한 니즈를 발견하고 이에 대한 솔루션을 제공하는 과정에서 3회 이상 미팅이 이루어지는 것이 잠재 고객을 신규 고객화하는 데 얼마나 중요한지를 설명한 바 있다. 그런데 이 상속을 테마로 만나는 미팅은 일단 니즈를 파악하는 데 시간을 소모할 필요 없이 바로 상담이 이루어진다. 오로지 PB가 이 분야에 대한 충분한 지식과 경험을 통해 니즈를 해결할 적정한 스토리만 준비해 둔다면, 잠재 고객을 설득해서 다음 단계인 가망 고객과 신규 고객으로 만들 수 있는 최고의 기회가 된다.

PB로 발령받기 전 약 5년 동안 세무 전문가로 일하면서 어떤 세무사도 경험하기 힘든 많은 상속에 직접 관여한 바 있다. 내가 직접 자문을 해서 이루어진 금융 거래가 실제 상속세 조사에서는 어떻게 처리되는지도 경험했고, 상속이 발생한 이후에야 문제를 파악하여 최선의 방법을 찾아내기도 했다.

이러한 수많은 경험을 하고 내린 결론은 대부분의 상속과 관련된 세금 이슈는 미리 인지하는 것이 중요하다는 사실이다. 완벽하든 덜 완벽하든 미리 어떠한 조치만 취해 놓으면 실제로 상속세 조사 과정에서는 크게 문제화되지 않더라는 것이다. 그런데 상속세 조사 과정에서 정말 크게 문제가 되는 것은 상속인 중 어느 누구도 알지 못하는 피상속인의 금융 거래이다. 조사 당국이 이 거래의 다른 혐의점을 발견한다면 이런 것이 직접 추가 과세로 연결되기 때문이다.

이 이야기는 내가 상속 관련 상담을 할 때 PB의 금융 거래 조언이 얼마나 중요한지를 설명하며 주로 사용하는 '스토리'이다. 이 책을 읽는 PB분들께서도 꼭 이러한 스토리 몇 개라도 자기 것으로 만들어 유용하게 활용했으면 한다.

5년 동안 세무 전문가로 일할 때 이러한 상속마케팅의 매력을 인지하고 제휴 세무법인과 함께 상속마케팅 자료를 만들었다. 별도의 부의금 봉투도 제작하고 심지어 상속세 Time Table도 만들어 당시 WM들에게 제공한 바 있다. 그런데 심도 있는 교육이 이루어지지 못한 상황에서 상속마케팅의 효과는 그리 크지 않았다. 그래서 PB로 발령받은 후 이 상속마케팅을 집중해서 추진해 봤다. 매우 결과가 좋아 그 어떤 신규 고객 접촉 수단보다 고객화 확률이 높게 나왔다.

보통 집안의 아버지가 먼저 사망한 경우, 배우자는 물론 그동안 만날 수 없었던 자녀들까지도 모두 접촉이 가능하여 고객 수 증가에도 큰 도움이 된다. 그런데 이 상속마케팅의 치명적인 단점 하나가 있다. 사람의 생사는 하늘에 달려 있다는 것이다. 상속 개시는 하늘의 뜻에 따라야지, 내가 아무리 열심히 한들 내가 필요할 때 상속마케팅의 기회가 찾아오지는 않는다.

상속마케팅으로 성과를 얻은 후 이 노하우를 다른 PB들에게 알려 주고 싶었다. 그래서 PB 때 상속마케팅의 경험을 약 70분 정도의 동영상에 압축한 마케팅 방법 설명서를 "상속 오히려 손님 수 확대 기회"라는 제목을 달아 다른 PB들에게 제공했다. 나만의 경험에서 나오는 스토리와 지식이라 다른 PB들이 활용하기에 제한이 있겠지 만 온전히 전달하려고 노력하였다. 그래서 가급적이면 이 글을 통 해 PB들이 바로 활용할 수 있는 스토리들을 제공하려고 한다.

보통 기존 고객이나 잠재 고객의 상속 이벤트가 발생하면 우선 조문 준비를 한다. 별도로 제작한 부의금 봉투에 부의금을 넣고 나 의 10년간의 경험으로 제휴 세무법인과 함께 만든 상속 관련 안내 자료에 명함을 첨부한다. 반드시 조문이 끝나고 상주에게 전달하 고 돌아온다. 이렇게 영업을 하고 나면 상당수 상속인들은 우선 급 한 일을 끝내고 내가 준 상속 관련 안내 자료의 내용을 보고 추가 상담을 위해 은행을 방문하게 된다. 본 상속 안내 자료에는 피상속 인 사망 이후 1개월, 3개월, 6개월, 5년 이내에 무슨 일을 해야 하 는지가 정리되어 있다.

이렇게 상속인이 나와 상담을 위해 방문하게 되면 반드시 첫 번 째 미팅을 하면서 알아내야 하는 것이 있다. 먼저 상속인 집안의 의사 결정권(Hegemony)이 누구에게 있는지를 파악해야 한다. 통상 배우자가 생존해 있을 때는 어머니에게 있거나 만약 연로하실 경우에는 큰아들에게 있는 경우가 많다. 이것이 중요한 이유는 앞으로 6개월이라는 시간 동안 상속세 신고를 진행하면서 많은 의사 결정이 필요하기 때문이다. 특히 마지막 상속 재산 분배에 있어서는 아주 쉽지 않은 일들이 많이 발생하게 되는데, 이럴 때 미리 사전 협의를 진행할 집안 의사 결정권자의 파악은 매우 중요하다.

그리고 반드시 얻어 내야 할 것이 있다. 꼭 협업 제휴되어 있는 세무법인에서 상속세 신고를 수임하도록 해야 한다. 그래야만 피상속인의 전체 재산 내역을 손쉽게 파악할 수 있고, 향후 세금 납부 재원 파악과 재원 마련을 위한 또 다른 금융 영업 기회를 확보할 수 있다. 그리고 상속 후 6개월 동안의 신고 기간 동안 내가 신규로 고객화해야 하는 상속인들을 3회 이상 자연스럽게 만날 수 있는 기회가 확보되기 때문이다.

물론 자산 규모가 큰 피상속인의 경우는 대부분 그동안 거래를 하고 있는 세무사나 회계사가 있는 경우가 많다. 그러나 아무래도 회계사의 경우는 상속세 신고가 전문 분야가 아닐 확률이 높고 일반 세무사 또한 상속세 신고 경험이 풍부하지 않을 수 있다. 이때 PB가 불안해하는 상담 고객에게 이 분야에 경험이 많은 국세청 출신 세무사에게 상속세 신고를 맡기자고 설득할 수 있다. 만약 그래도 우리 쪽에서 상속세 신고 수임을 못했을 경우에는 반드시 나중에 상속세 신고서라도 입수해야 그나마 상속마케팅의 성공 확률을 높일 수 있으니 이 글을 읽는 PB분들께서는 이 점은 꼭 기억했으면 한다.

이러한 상속마케팅을 진행하는 데 있어 PB 개인의 상속 지식이 충분하지 않을 때는 내부 세무 전문가 및 제휴 법인 세무사의 도움을 받아 같이 진행해도 좋다. 그러나 반드시 마케팅을 성공시키기 위해서는 내가 손님을 설득할 능력이 필요하다는 것은 명심해야 한다. 이것마저도 외부의 도움을 받을 수는 없기 때문이다. 이것이 안 된다면 바로 상속마케팅을 시작하기보다는 좀 더 지식을 쌓고 경험을 축적하기를 권한다.

## 나만의 영업 루틴(Sales Routine) ⚐

고객 자산관리 업무를 하시면서 상속세 신고가 필요한 손님에 대해 세금 신고는 어떻게 진행하였나요? 상속마케팅을 위하여 반드시 상속세 신고를 주간하는 것이 중요합니다.

# 6

## 상속을 활용한
## 금융 영업 시작하기

　나는 영업을 하며 평소 잘 풀리지 않은 문제가 있으면 심리학 책을 많이 참고한다. 얼마 전 읽은 드루 에릭 휘트먼(문희경 옮김)의 『심리학으로 팔아라』는 인간 심리를 이용한 영업에 관한 책이다. 그리고 책에서는 손님의 마음을 얻기 위한 비법으로 인간의 여덟 가지 생물학적 욕구와 아홉 가지 학습된 욕구를 정확히 이해하고 이를 바탕으로 소비자를 설득하는 것이라고 소개한다.

　인간의 여덟 가지 생물학적인 욕구
　　① 생존과 삶의 즐거움
　　② 먹고 마시는 즐거움
　　③ 공포와 고통이나 위험으로부터의 자유
　　④ 성을 나누는 동반자
　　⑤ 안락을 주는 환경
　　⑥ 남보다 우월해지고 앞서가고 싶은 마음
　　⑦ 사랑하는 삶들에 대한 관심과 보호

⑧ 사회적 안정 욕구

인간의 아홉 가지 학습된 욕구
　① 정보 욕구
　② 호기심
　③ 청결
　④ 능률
　⑤ 편리함
　⑥ 신뢰성
　⑦ 아름다움
　⑧ 경제, 수익
　⑨ 흥정

　나는 이 책에서 「공포의 심리학」 편을 여러 번 읽었다. 물론 일반 제조업 및 서비스업의 영업을 기준으로 쓴 것이지만 금융기관의 영업에도 충분히 적용 가능한 내용이라고 생각되었다. 맨 마지막에 이런 내용이 있다.

　　"공포는 이유가 아무리 비합리적이어도 잘 팔린다."

　금융기관에서의 공포마케팅에 대해 소개하고자 한다. 우리는 제품과 서비스의 제공자와 수요자 간에 정보의 비대칭으로 인해 월등히 우월한 지식과 정보를 제공자가 가지고 있을 때 이를 '전문가 영역 비즈니스'라고 부른다. 의사, 변호사, 회계사, 세무사 등 자격증을 가지고 하는 비즈니스들이 여기에 속할 수 있다. 이 중 의사를 예를 들어 보자.

우리는 내 몸에 어떤 이상이 있을 때 의사의 수술이나 치료의 권유를 거의 거부하지 않는다. 비용이 비싸니 좀 저렴하게 해 달라는 말도 성형외과나 피부과의 일부 미용 수술 외에는 거의 하지 않는다. 이유는 무엇인가? 본인이 정확히 모르는 영역에 대한 불안 또는 공포 때문이다. 이처럼 의사는 환자의 공포에 대해서 뭔가 솔루션을 주는 영업을 하므로 사실 진정한 영업이 필요 없는 영역이라고 할 수 있다. 이러한 이유로 많은 고3 학생들이 의대를 진학하려 하고 심지어 일반 이공계 대학을 진학한 학생마저 반수를 하는 게 아닌가 싶다.

이러한 의사의 영업에서 환자의 의사결정에 가장 중요한 요소는 무엇일까? 정보와 지식을 독점하고 있는 의사의 아주 쉬운 설명이다. 물론 치료 후 효과도 좋아야 하겠지만 이미 알려진 치료 방법을 사용할 경우, 이 의사의 명성에 더 큰 도움을 주는 요소는 아주 친절하면서도 쉬운 설명이라고 할 수 있다. 맞다. 공포가 있는 환자에게는 쉬운 설명이 곧 최상의 솔루션인 것이다.

## ⑤ 논리로 시작해서 감성으로 판단한다

이제 이 극단적인 사례를 금융기관의 영업에 적용해 보자. 일단 정보의 비대칭 측면에서 보자면, 금융기관의 PB의 영업 또한 전문가 영역 비즈니스에 속한다. 또한 이러한 이유로 금융기관 PB의 영업에 있어 가장 필요한 능력도 어떤 상품과 서비스 및 경제 현상을 아주 쉽게 설명하는 능력인 것이다. 회계사 선배와 저녁을 먹으며 들었던 이야기 하나를 소개하자면 이렇다. 선배가 20년 이상 회계사 영업을 하며 한마디로 정의한 회계사 영업의 정의는 '인간의 탐욕과 공포를 적절히 이용해서 목적을 달성하는 것'이라고 한다. 어떻게 들으면 너무 적나라한 표현일 수도 있으나 어쩌면 맞는 표현 같기도 하다.

이 정의가 금융기관의 PB 영업에도 일부 적용된다고 본다. 금융기관 PB는 인간 탐욕을 이용하는 경우가 훨씬 많다고 봐야 한다. 다만 모든 투자 상품은 완전 판매가 이루어져야 하므로 판매 절차만은 매우 이성적으로 접근해야 한다. 그렇지만 손님은 이를 매우 감성적인 방법으로 소통하기를 희망하므로 손님의 마음속에 들어가 손님을 만족시키려면 이성적인 내용을 감성적인 방법으로 전달해야 하는데, 이때 '인간의 탐욕'에 약간의 자극이 이루어지면 상품 판매는 훨씬 더 잘 이루어지는 것을 느낄 수 있다.

그러나 이처럼 기존 손님을 상대할 때가 아니고 신규 손님을 만난다고 생각해 보자. "사람은 논리로 시작해서 감성으로 판단하는 존재"라고 한다. 신규 손님을 처음 만났을 때 인간의 탐욕을 자극하는 방법은 정말 바람직하지 않다. 모든 신규 손님과의 첫 만남은 반드시 논리적으로 시작해야 하기 때문이다. 이런 관점에서 봤을 때 인간의 공포는 얼마든지 논리적으로 설명이 가능한 영역이고 이는 PB가 아주 쉽게 설명할 수 있는 능력만 있다면 솔루션 제시를 통해 얼마든지 잠재 고객의 감성적 판단을 유도해 낼 수 있음을 의미한다.

## ⑤ 상속마케팅에 있어서의 공포마케팅

이제 상속마케팅을 설명해 보고자 한다. 먼저 상속을 공포마케팅으로 접근하기 위해서는 상속에 대한 정보와 지식의 비대칭이 손님과 PB 간에 비교적 큰 차이로 나타나야 한다. 다시 말해서 PB가 상속에 대한 지식이 부족하거나 손님이 비교적 깊이 있는 지식이 있을 때는 공포마케팅은 좀 힘들 수 있다. 그러나 보통의 경우, 상속은 비교적 자주 있는 이벤트가 아니어서 손님은 물론 현역 세무사에게도 생소할 때가 많다. 그런데 피상속인의 재산 규모가 클수록 또는 상속 전 소득 규모가 커서 세금 이슈가 많을수록 상속은 상속인에게 세무조사라는 과정 때문에 충분히 공포로 받아들일 수 있는 이벤트이다.

다시 말하지만 인간의 공포를 이용한 마케팅은 그 조건 충족이 어려워서 그렇지, 충족만 된다면 그 어느 마케팅보다 아주 손쉽게 원하는 목표를 달성할 수 있는 방법이다. 현업에 근무 중인 PB분들도 조금 더 노력해서 상속에 대한 지식을 습득하고 손님을 설득할 만한 충분한 스토리를 자기 것으로 만든다면 충분히 가능한 마케팅 방법이므로 이렇게 손쉬운 상속마케팅을 본인의 무기로 만들었으면 한다.

## ⑤ 영업에서 스토리가 중요한 이유

상속뿐만 아니라 모든 영업에 있어 필요한 콘텐츠와 스토리에 대해 설명하고자 한다. 콘텐츠는 우리가 손님을 만나 빠르게 니즈를 파악해서 솔루션을 제시해야 할 때 필요하다. 다시 말해서 PB는 우선 손님 니즈 정도만 파악할 수 있는 콘텐츠를 가지고 있으면 충분하다고 생각한다. 물론 좀 더 깊이 있는 콘텐츠를 보유하고 솔루션까지도 직접 줄 수 있으면 좋겠으나 이는 그 분야 전문가의 영역이다. 실제 손님 영업 과정에서 모든 것을 PB가 다 처리하는 것보다도 일정 부분은 전문가를 활용하는 것도 더 효과적일 때가 많다. 이런 의미에서 콘텐츠는 누구나 가질 수 있는 지식이라고 표현해도 될 것 같다.

반면 스토리는 손님을 설득하고 공감을 유도할 때 필요하다. 그래서 스토리는 단순 지식과는 다소 차이가 있다. 머릿속에 아무리 많은 지식이 들어 있어도 이를 이용해 손님을 설득시키지 못한다면 그는 스토리가 부족하다고 말할 수 있다. 이런 의미로 볼 때, 스토리는 오히려 경험에 더 가깝다. 경험을 바탕으로 입에서 자연스럽게 나오는 자기만의 경험과 지식의 융합체가 바로 스토리인 것이다.

또한 스토리는 많이 연습해 볼수록 훨씬 손님을 더 설득시키는 힘이 생기는 특징이 있다. 그래서 나만의 상속 관련 스토리를 이 책에서 많이 소개하는데, 독자인 PB분들은 그냥 한번 읽고 이해했다고 해서 이 스토리가 진정 자기 것이 되었다고 착각하면 절대로 안 된다는 말을 해 주고 싶다. 스토리는 절대로 연습해 보지 않고 자기의 것이 될 수 없기 때문이다.

PB 6명과 같이 근무하는 지점장 시절에 내가 가지고 있는 이러한 스토리들을 충분히 PB들에게 전달해 주면 모두 나 정도의 영업력을 갖출 수 있을 것으로 착각한 적이 있다. 한 번 더 강조하지만, 스토리는 자기만의 경험을 통해 스스로 개발하는 것이 최고이며 만약 다른 사람의 스토리를 가져다 손님 설득에 활용할 생각이면 충분한 이해를 바탕으로 여러 번의 연습이 필요하다는 것을 꼭 잊지 말았으면 한다.

# 나만의 영업 루틴(Sales Routine) △△△

혹시 영업을 하면서 손님의 공포를 자극하여 영업 목적을 달성하신 적이 있나요? 손님과 정보의 비대칭이 큰 영역에서 자기만의 스토리를 잘 개발하여 '공포마케팅'의 활용을 적극 추천합니다.

# 7

## 상속마케팅 사례 (1)
## Needs와 Wants의 구분

　이제 상속마케팅을 3가지 종류의 사례를 들어 이 책을 읽는 PB 분들이 바로 활용할 수 있도록 설명하고자 한다. 첫 사례는 손님의 '필요한 것(Needs)'과 '원하는 것(Wants)'을 구분해야 하는 경우이다.

　이 사례의 집안은 가족 구성이 얼마 전 돌아가신 삼성의 이건희 회장과 아주 흡사하다. 돌아가신 아버지가 경영하던 집안 가업은 아들이 상속받았으며, 살고 있던 집과 전체 금융 자산은 어머니가 상속을 받아 상속세 납부에 충당하였다. 나머지 100억 원대 건물은 누이와 여동생이 상속받는 것으로 재산 분할이 이루어졌다. 이 집안의 경우는 의사 결정권(Hegemony)이 바로 아들에게 있었다. 누이는 결혼을 하지 않고 독신으로 살고 있으며 여동생은 그냥 가정주부였다. 특히 어머니는 연로하셔서 거의 의사 결정에는 참여를 못 하고 대부분의 상속세 신고 업무를 아버지 회사를 물려받은 아들이 처리하고 있었다. 물론 이러한 경우 당연히 금융기관 PB는 이 아들과 이후 업무를 풀어 가야 하는 것이 중요하다.

　이 아들은 마지막 상속세 납부 단계에서 일시에 납부하기 힘든

상속세 규모 때문에 당연히 상속세 연부연납을 검토했다. 당시에
는 5년에 걸쳐 납부를 했고 가산금이율이 무려 1.2%밖에 되지 않
아 이러한 경우 당연히 대부분의 상속인들은 연부연납을 신청했었
다. 그러나 이 아들의 '필요한 것(Needs)'과 '원하는 것(Wants)'은 달
랐던 것이다. 여기에서 필요한 것은 "내가 배가 고프다." 정도라면
원하는 것은 "나는 지금 무엇을 먹고 싶다" 정도로 이해하면 될 것
같다. 상속뿐만 아니라 다른 손님 상담에서도 많이 접하는 상황인
데 필요한 것과 원하는 것은 다를 때가 많으므로 사람들과 상담을
많이 하는 PB의 경우에는 꼭 이러한 개념을 가지고 상담에 임할 것
을 추천한다.

이 사례에서 상속세 신고를 하는 데 있어 필요한 것은 절대적인
상속세 및 부대 비용을 줄이는 것이다. 그러나 원하는 것은 달랐
다. 아들은 상속세의 연대납세의무를 걱정하고 있었던 것이다. 만
약 건물을 반씩 상속받은 누이와 여동생이 연부연납을 신청하면 5
년 동안 본인 지분에 해당하는 적지 않은 상속세를 납부해야 한다.
그런데 이 건물에서 나오는 임대료로 살아가야 하는 누이의 경우
에는 결국 계속적인 세금 납부가 힘들 수 있고, 이렇게 된다면 세
무서는 소득 및 자산 규모가 가장 큰 아들에게 미납 상속세를 추징
할 가능성이 높다고 생각한 것이다. 이렇게 손님이 원하는 것을 빠
르게 파악하기 위해서는 상속세 관련 지식이 어느 정도는 갖춰져야
함은 당연할 것이다.

손님이 원하는 것을 빠르게 간파를 하고는 비용 측면에서 좀 더

유리한 연부연납 신청 대신 이 건물을 담보로 대출을 받아 각각 누이와 여동생이 본인 지분에 해당하는 세금을 완납하도록 처리했다. 사실 은행원 입장에서는 바로 대출을 실행하는 것이 유리하지만 손님 입장에서 연부연납을 신청하는 게 일반적이었다. 이 사례처럼 손님의 '필요한 것(Needs)'과 '원하는 것(Wants)'을 빠르게 파악할 수 있는 실력이 된다면 손님과 PB가 모두 만족할 솔루션이 나올 수 있다. 또한 이 사례의 상속세 신고를 진행하면서 아들뿐 아니라 가족 모두를 고객화할 수 있는 기회를 얻었다.

## 나만의 영업 루틴(Sales Routine) ⚠️

Needs와 Wants 개념이 이해되셨으면 그동안 진행했던 상담 중 유사한 사례를 메모해 보세요. 모든 손님과 관계를 유지할 때 언제나 이 두 가지 개념을 가지고 접근하시면 고객 만족도가 훨씬 높아집니다.

# 8

## 상속마케팅 사례 (2)
## 상속세 재원 마련 대출 및 2세대 고객화

평창동에서 센터장으로 근무하던 시절, 참 여러 명의 손님이 돌아가셨던 기억이 있다. 물론 이런 영업 기회 때문에 점포 성적이 1등을 했는지도 모르겠다. 보통 PB 생활을 하는 도중 손님의 상속이 발생하면 일단 세금 납부 때문에 많은 금융 자산이 줄어들어 그해 성과는 좋지 않다. 그런데 나의 경우 상속을 통해 2세대를 신규로 고객화한 적인 많아 오히려 성과에 도움이 되었던 적이 많다.

이번 사례는 평창동 고급 주택에 거주하시는 회장님 상속 사례인데, 평창동에는 사모님과 두 분이 사시고 아들은 한남동, 딸은 대치동에 모두 결혼해서 살고 있었다. 물론 나는 자녀들과는 그동안 만난 적이 한 번도 없었다. 회장님의 재산이 상속되면서 상속세 신고 업무를 처리하면서 자녀들을 처음 만날 수 있었다.

회장님 주요 상속 재산은 테헤란로에 감정가 270억 원 정도의 건물과 금융 자산 100억 원 및 평창동 주택 정도로 구성되어 있었다. 그런데 테헤란로 건물은 회장님이 직접 건축하신 빌딩으로 가급적 매각하지 말고 자녀가 유지를 했으면 하는 유지가 있으셨다고 한다. 이런 경우 상속세 규모가 최소 200억 원 정도는 되었다. 가급적 절세를 위해서는 배우자공제를 최대한 활용하고 배우자가 금융 자산을 모두 상속받아 이를 연대납세의무를 이용하여 세금으로 납부하면 일단 자녀들은 최대의 자산을 승계받을 수 있는 경우였다.

그러나 이번 사례에서도 비교적 회장님에 비해 젊으신 사모님은 원하는 것이 달랐다. 금융 자산을 모두 세금으로 납부하면 본인은 여생을 어떻게 살아가느냐는 것이다. 당연히 고려해야 할 부분이었다. 자녀들과 여러 번의 미팅을 통해 의논한 결과, 조금 다른 방법을 선택했다. 일단 어머니가 테헤란로 건물의 반을 상속받고 금융 자산은 자녀가 상속받는 것으로 했다. 물론 이렇게 하면 향후 어머니 지분에 대한 재상속 이슈가 있어 전체 자산승계 플랜에 있어서는 별로 좋은 방법은 아니다. 그러나 이번에도 베테랑 세무사님 도움을 받아 테헤란로 건물을 담보로 대출을 받아 나머지 상속세를 납부하게 하고 이 건물을 일정 기간 후 부담부증여를 통해 자녀에게 증여하기로 했다.

대출을 포함해서 어머니가 자녀에게 건물을 증여하면 대출 부분은 어머니가 양도세를 납부하게 된다. 이 경우 아버지 상속세 신고 때 이미 신고가액을 시가로 평가하여 신고했기 때문에 어머니 양도세 부분은 상당 기간 그리 크지 않게 나오게 된다. 큰 증여세 부담 없이 자녀들도 건물의 어머니 지분을 증여받을 수 있었다. 이렇게 재산 분할이 이루어졌고 세금으로 납부했어야 할 금융 자산도 자녀들 이름으로 은행에서 상당 기간 관리할 수 있었다. 특히 상속세 신고 과정에서 강남에 거주하는 자녀 둘을 모두 고객화하는 큰 성과를 만들어 냈다.

상속은 이처럼 6개월이라는 기간 동안 상속인을 자주 만나야 되는 일이 자연스럽게 발생한다. PB가 신규 고객을 만나기 위해 외부로 나가지 않아도 신규 고객화 기회가 확실하게 마련되는 것이다. 또한 상속세 재원 마련을 위한 대출도 많아 정말 금융 영업에는 더할 나위 없는 기회라고 말하고 싶다.

## 나만의 영업 루틴(Sales Routine) ♺

이 사례는 금융기관 직원 입장에서 최고의 성과라고 생각합니다. 그동안 당신의 상속 이벤트 이후 최고의 성과는 무엇인가요? 모든 마케팅은 손님 입장에서 문제를 해결하면서 결과를 만들어야 함을 꼭 기억하세요.

# 9

## 상속마케팅 사례 (3)
## 상속 부동산 관련 금융 서비스 정리

   고액 자산가들의 상속 재산에는 수익용 건물이 포함된 경우가 매우 많다. 일단 건물이 있으면 상속세 규모도 커지고 또 필연적으로 금융 자산 대비 부동산 자산 규모가 커서 상속세 납부에도 고민해야 하는 경우가 많다. 자연스럽게 PB에게는 금융 마케팅 기회가 많이 생긴다. 이러한 이유로 PB로 근무할 때 상속 상담을 진행하면서 상속 재산에 수익용 건물이 있을 때는 반드시 추가 상담을 진행하여 고객화한 사례가 많았다.

   먼저 수익용 건물을 상속받았을 때 상속받은 고객의 상황을 살핀다. 자녀가 아직 어리다든지 전문직 종사자로 건물 관리가 불가능한 경우도 있다. 특히 배우자 또한 평소 건물 임대차 관리 등에 관여한 바가 없어 친인척이 대신 관리해 준다든지 기존 관리인을 통해 정확한 판단이 안 되는 상황에서 상속으로 건물 관리를 시작하는 경우가 있다. 이런 경우는 일정 시간을 두고 꾸준히 은행의 부동산 관리 신탁 서비스를 소개한다. 당장 서비스 체결이 안 될지라도 시간이 지나면서 투명한 부동산 관리의 필요성이 대두되면 이 서비스를 채택하는 경우가 아주 많았다. 특히 이런 상속 부동산에 악성 임차인이 있거나 명도가 필요한 상황까지 가면 대부분 은행의 부동산 관리 신탁 서비스를 이용했다.

그리고 상속세 납부를 위해서 부동산을 매각해야 하는 경우도 많다. 보통 국세청에 연부연납 신청을 하고 해당 부동산을 근저당설정을 하면 등기부등본을 통해 보통 매수자가 매도자의 급한 사정을 알게 되어 좀 더 가격을 낮추려는 시도를 많이 한다. 이럴 때는 상속인의 다른 부동산을 연부연납 신청시 국세청에 담보로 제공하는 것도 좋은 방법이다. 이런 부동산 매각을 해야 할 때는 은행의 부동산 처분 신탁이나 부동산 자문서비스를 이용해서 해결할 수 있어 PB가 추가 영업 기회를 확보할 수 있는 좋은 기회이다. 이처럼 수익용 부동산이 있는 상속은 추가적인 영업 기회가 확보될 가능성이 높으므로 PB들이 좀 더 큰 관심을 가졌으면 한다.

상속과 관련된 상담을 진행하다 보면 집안의 전체적인 관계나 가족들이 처한 특수한 상황 등을 파악하게 된다. 그중 상속으로 해결할 수 없을 때는 최근 금융기관에서 서비스를 시작하고 있는 유언대용신탁 영업 기회를 자연스럽게 포착할 수 있다. 예를 들어 상속받은 배우자가 고령이어서 또다시 재상속을 준비해야 하는 경우 자녀들이 아버지 상속 재산 분할 때 다소 불균등하게 이루어진 부분을 어머니의 상속 재산으로 보상받기 위해 유언 대용 신탁을 활용하는 경우가 있다. 또한 유언공정증서를 통해 상속 예금을 지급받은 경우는 상속 이후에도 유언 대용 신탁을 활용할 가능성이 높다. 상속 재산이 아들에게 많이 배분된 경우, 딸들이 어머니 상속 재산에 대해 사전 유언 대용 신탁을 통해 미리 지분을 확보하는 경우도 있다. 마지막으로 아들이 건강이 안 좋은 경우, 며느리와 시어머니가 관계가 안 좋아서 순리대로 상속 재산의 승계가 힘들어 유언대용신탁을 활용하는 사례도 있다. 요즘 유언대용신탁을 활용하면 그동안 유언서로는 해결하지 못했던 훨씬 많은 일들을 위탁자의 의지에 따라 매우 자유롭게 해결이 가능하다. 이와 관련된 설명은 현재 이 서비스를 실행하는 금융기관도 있고 아직 도입하지 않은 곳도 있는 관계로 나중에 강의 등의 기회가 있으면 추가 설명하고자 한다.

상속마케팅에 대한 설명을 마치며 러시아 속담 하나를 소개하고 싶다. "숲속을 거닐어도 땔감을 발견하지 못한다."라는 속담이 있다. 이 의미를 숲에 가서도 땔감 하나 발견하지 못하듯 아무리 마케팅 기회가 찾아와도 PB가 준비가 되어 있지 않으면 기회를 잡지 못한다고 해석하고 싶다.

## 나만의 영업 루틴(Sales Routine) ᘛ

상속 재산 중 수익용 건물이 있다면 일단 PB에게는 영업의 가치가 있다고 생각하시면 됩니다. 상속받은 수익용 건물에 대해서는 제안드릴 수 있는 내용이 많기 때문입니다.

Ultra High Net Worth Individuals

# How to
# 고액 자산가 마케팅

U H N W I

# 1

# 증여를 활용한
# 손님 마케팅

이제 증여를 활용한 마케팅에 대해 설명하고자 한다. 증여와 상속은 살아 있을 때 재산 승계가 이루어지는지 아니면 돌아가시고 재산 이전이 이루어지는지에 따라서 구분된다. 그런데 증여받은 재산이라도 자산을 넘겨주신 분이 10년 이내에 돌아가셨다면 증여받은 재산은 상속 재산이 된다. 이러한 이유로 보통 상속이 발생하기 이전 10년까지는 자녀에게 증여를 했더라도 상속세 신고 때 합산해서 신고가 이루어진다. 상증세의 누진세율 때문에 이렇게 합산하면 보통 추가 세금이 발생하게 된다.

이런 정도의 세금 지식은 어느 PB나 모두 알고 있을 것이다. 그래서 이렇게 모두 아는 증여세 지식을 전달하기보다는 실제로 손님을 만나 상담하면서 증여에 관해 어떻게 활용해야 고객화에 도움이 되는지에 대해 설명하고자 한다. 아마 많은 PB들이 생각했던 것과 다른 이야기를 들을 수도 있을 것이다. 세금을 특화해서 많은 신규 손님 마케팅을 진행하면서 남들이 미처 발견하지 못한 내용들을 밝혔다. 이 글을 읽는 PB들에게 증여를 가장 효율적으로 활용할 수 있는 계기가 되었으면 한다.

제일 먼저 알려 주고 싶은 내용은 증여는 상속에 비해 시급하지 (Urgent) 않다는 것이다. 우리는 잠재 고객을 만났을 때 가급적 빨리 정확한 니즈를 파악하는 것이 중요하며 이를 매개로 이후 솔루션을 주기 위한 추가 미팅을 진행할 수 있게 된다. 또한 이러한 과정이 손님에게 가치 있다고 인정받으면 3회 이상 상담이 진행된다. 이에 만족한 손님이 진정한 PB의 고객이 되는 과정은 이미 관계마케팅에서 설명한 바 있다. 그런데 이렇게 파악된 니즈는 가급적 일정 시간 내에 반드시 처리해야 하는 것이면 고객화 과정에서 유리한 경우가 많다. 이제 상속과 증여를 비교해 보자.

앞에서 설명했듯 상속은 반드시 6개월 이내에 신고해야 하는 세금이다. 절대적으로 이 시간은 길지 않다고 설명한 바 있다. 이에 반해 증여는 좀 다르다. 일단 증여를 했다면 3개월 이내에 신고를 해야 하지만, 증여를 할지 말지 의사 결정을 하는 데는 딱히 시간 제한이 없다. 특히 이러한 증여 의사 결정은 반드시 일정 수준의 증여세를 수반하기 때문에 빠른 의사 결정이 힘들다. 많은 자산가들은 사전 증여가 상속보다 절세를 하기에 절대적으로 유리하다는 것을 이성적으로는 알고 있으면서도 당장 내야 할 증여세 문제로 인해 주저하는 경우가 많다. 바로 증여의 이러한 특성을 PB는 손님과 상담할 때 잘 알고 있어야 소위 헛다리 짚지 않고 좀 더 효과적인 방법으로 손님을 만족시켜 고객화가 가능해지는 것이다.

많은 고액 자산가는 증여에 관심이 많다. 아마 손님 세미나의 최고 선호 주제라고 생각해도 될 것이다. 그러나 이 증여는 당장 실행해야 하는 시급한 니즈는 아니다. 또한 증여를 실행하려면 적지 않은 증여세를 내야 하기 때문에 아무리 상담을 잘해서 이성적으로 설득이 완료되었어도 감성적으로 판단하는 손님은 당장 납부해야 하는 증여세를 아깝게 생각한다. 이러한 이유로 증여는 연속적인 손님 관계 유지에 큰 도움이 되지 않는 경우가 많다.

앞에서 설명한 상속을 생각해 보라. 이미 상속은 발생한 일이고 처음 예상했던 상속세는 이미 내야 하는 것으로 금액도 결정된 상태다. 여기에서 조금이라도 절세가 이루어지면 손님의 만족은 계속 올라가게 되는데, 증여는 그렇지 않다. 그러한 특성 때문에 증여를 활용한 마케팅을 위해서는 좀 더 치밀하고 손님에게 어필 가능한 주제로 접근해야 한다.

그러면 증여를 통해 그나마 고객화가 가능한 영역은 무엇일까? 상속보다 훨씬 더 많은 지식과 실무 경험이 있어야만 고객화 마케팅에 활용할 수 있는 증여 공략 영역 몇 가지를 알려 드리도록 하겠다. 증여를 마케팅 목적으로 활용하기 위해서는 다음 두 가지 조건이 충족되어야 한다. 첫째는 이 증여 플랜이 어디서나 들을 수 있는 내용이 아니라 정말 손님의 귀에 솔깃한 것이어야 한다는 것이다. 둘째는 초기 실행에 주저함이 없이 진행 가능하려면 처음 증여세 규모가 작아야 한다는 것이다. 첫째 조건을 충족하기 위해서는 PB의 많은 노력이 필요하다. 계속 말씀드리지만 설령 첫째 조건을 충족한 증여 플랜을 알고 있다 할지라도 이 내용을 스토리로 잘 구성하여 손님에게 전달하고 설득시키는 것은 또 다른 이야기이기 때문이다.

세무 전문가로 근무하면서 WM들 강의 때 사용했던 내용 하나를 알려 드리고 싶다. 세금과 관련된 플랜은 절세(Tax Saving)와 탈세(Tax Evasion)의 방법으로 구분되는데 이 중간 정도에 조세회피(Tax Avoidance)라는 개념이 존재한다.

조세회피는 합법적인 방법으로 세금을 회피하는 것이다. 예를 들어 세액 공제, 공제, 면제 그리고 허점을 활용하여 세금 납부를 피하는 것이다. 그런데 조세 회피는 납세자가 의도적으로 세법을 무시하는 것을 목표로 할 때는 불법적일 수 있다. 이렇게 하면 벌금, 제재, 징수, 법적 조치를 초래할 수도 있다. 그래서 증여 플랜을 제안해서 손님의 귀를 솔깃하게 만들려면 조세 회피 정도 되는 내용을 스토리로 잘 구성해서 전달해야 한다.

그러나 쉽지는 않다. 그동안 우리는 삼성의 법인 승계 과정에서 이러한 조세회피를 많이 볼 수 있었다. 어쩌면 우리나라 상증세법 개정의 역사는 삼성의 조세회피 과정과 상당 부분 일치한 점이 많다. 그러나 이제는 이마저도 원천적으로 차단되었다고 볼 수 있는데, 상증세법이 완전포괄주의 개념을 채택하면서 이렇든 저렇든 실질적으로 자산의 승계가 이루어지면 모두 증여세를 과세할 수 있게 되었기 때문이다. 그래도 활용 가능한 증여 플랜을 소개해 보겠다.

## ⑤ 가족법인을 활용한 빌딩 증여 플랜

경험한 바로는 이상의 두 가지 조건을 충족하면서 PB가 비즈니스적으로 활용할 만한 증여 플랜은 가족법인을 활용한 빌딩 증여 플랜이다. 상속마케팅에서도 설명했지만, 일정 규모 이상의 수익용 건물이 있는 경우 실제 상속세에 미치는 영향이 매우 크다. 이런 경우 상당수 현금성 자산이 부족할 때가 많아 상속세 신고할 때 '이 건물 하나만 상속 전에 해결되었으면 얼마나 상속세 부담이 줄어들었을까?' 하고 후회하는 경우가 많다.

짧은 글을 통해 자세하게 가족법인을 활용한 증여 플랜의 모든 세법 내용을 설명하기는 힘들지만, 손님과 상담할 때 스토리로 활용할 수 있는 주요 내용을 설명하겠다. 일단 빌딩 정도 되는 재산을 증여 플랜으로 진행한다면 기본적으로 이 잠재 고객은 재산 규모 면에서 PB의 고객으로서 충분하다고 볼 수 있다. 이렇게 건물이 있는 경우는 금융적으로도 대출 등 할 수 있는 일이 많아 PB의 영업 타깃으로는 매우 훌륭하다고 추천하고 싶다.

건물 하나를 자녀에게 증여하기 위해서는 증여세 부담이 발생한다. 그래서 초기 세금 부담도 최소화하면서 앞으로 시간을 두고 절세 또는 조세회피가 가능한 가족법인을 활용한 플랜을 손님께 전달하면 대부분 손님들이 솔깃해하는 것을 경험상 많이 보았다. 제일 먼저 이 플랜을 제안하기 위해서는 서울 지역의 경우 이미 5년 전에 가족법인이 설립되어 있어야 한다. 만약 이런 법인이 없다면 증여 플랜을 진행할 때 수도권 과밀억제권역은 부동산 이전 시 취득세가 9.4%(일반 취득세율은 4.6%)로 중과가 되므로 실익이 떨어질 수 있다.

그런데 요즘은 강남의 빌딩 소유주들은 이미 오래전에 가족법인이 있으면 유리한 점이 많다는 이야기를 듣고 법인 설립이 이뤄진 경우도 많다. 만약 법인이 없다면 세무법인 등에서 관리하는 5년이 경과된 법인을 매수하여 진행하는 것도 가능하다. 끝으로, 서울의 경우는 지식산업센터 내에 본점 소재지를 두면 이런 취득세 중과를 회피할 수 있어 여기에 사무실을 임차하고 법인을 설립하는 방법도 있다.

이렇게 가족법인 요건이 해결되면 집안의 승계 플랜에 따라 가족법인 지분 구성을 먼저 재조정하고 이 법인에 빌딩의 토지와 건물 중 건물만 먼저 증여하는 것이다. 통상 강남권 빌딩 중 초대형 빌딩이 아니고서는 건물 가치가 그리 높지 않고 대부분 땅 가치가 높기 마련이다. 이렇게 가치가 높지 않은 건물을 법인이 증여받을 때 기존 대출 등을 활용하여 부담부증여를 실행한다면 세금 부담은 거의 없는 경우도 많다. 초기 세금 부담이 거의 없는 것이다.

그러나 효과는 크다. 건물 증여 이후에는 빌딩 임대료를 수증자인 가족법인이 모두 수취하게 되어 자산을 줄여야 하는 부모님은 더 이상 추가 소득이 발생하지 않아서 좋고, 추가 증여를 위해 자금이 필요한 가족법인은 임대료를 계속 모아 갈 수 있다. 물론 이 경우 통상 가족법인이 수취한 임대료의 반 정도는 증여자인 부모님께 지료(토지 사용료)로 지급해야 한다. 그래도 임대료의 반은 소기 목적을 달성하는 것이다.

물론 여기까지만 증여를 실행하면 가족 법인과 자녀 개인에게 직접 증여하는 방법에 별로 세액 차이가 나지 않을 수 있다. 그러나 이후 토지를 추가로 증여할 때는 법인과 개인 간 큰 차이가 나기 시작한다. 일단 가족법인에 지분 구성이 손자까지 포함하여 잘 분산된 경우, 일정 토지 지분을 법인에 증여하면 법인은 수증 이익에 대한 20% 내외의 법인세를 납부한다. 해당 주주는 본인 법인 지분에 해당하는 만큼 법인세를 제외한 나머지 부분에 대해 증여세를 납부해야 한다. 그런데 이런 이익이 연간 1억 원까지는 증여세를 납부하지 않아도 되니, 세무사의 조력을 받아 연간 이 한도 이하에서는 법인이 법인세만 납부하고 자산 승계가 이루어진다고 말할 수 있다.

이는 가족법인을 활용한 한 가지 사례일 뿐이다. 이 글을 읽고 난 후 가족법인을 활용한 마케팅을 하려고 한다면, 꼭 사내 세무 전문가를 통해 가족법인의 장점을 정리해서 자기만의 스토리 구성을 완성했으면 한다.

법인이라는 수단이 다소 생소해서 그렇지, 세무사의 조력을 받는다면 그렇게 어렵지 않게 개인에게는 적용할 수 없는 많은 혜택이 주어지는 것을 바로 알 수 있다. 심지어 부모님이 가지고 있는 현금도 일정 부분 법인에 대여하여 세금이나 추가 비용 지급 없이 법인이 필요한 목적에 사용할 수 있다. 또한 법인에서 급여나 일정 규모 이하의 배당 등을 활용한다면 주주들의 생활비 충당이나 자금 확보도 가능하다.

　이 가족법인을 활용한 증여 플랜에서 손님 설득에 꼭 사용해야 하는 스토리는 "지금 이렇게 증여의 첫 단추를 끼워 놓으면 이것으로 반은 완성되었다."라고 강조하는 것이다. 모든 증여는 첫 단추를 끼우는 것이 제일 힘들며, 일단 한번 시작하면 앞으로 시간을 두고 세금 부담이 크지 않은 범위까지 매년 증여가 이루질 것이기 때문에 설령 부모님 살아생전에 모든 증여가 마무리되지 않더라도 실제 상속이 진행되면 자녀들이 건물을 팔아서 상속세를 납부해야 하는 상황은 발생하지 않게 된다고 설득하면 된다.


## ⑤ 법인 승계

　이제 또 다른 증여를 활용한 신규 손님 마케팅 방법을 소개하도록 하겠다. 조세회피 영역의 내용이 전달되려면 대부분 법인과 관련되어야 하므로 이번에도 법인 승계와 관련된 사례를 설명하고자 한다.

　우리나라는 가업상속공제와 가업승계증여특례를 통해 최대 600억 원까지 세금 없이 중소 중견 기업 및 개인 가업까지 자녀에게 승계할 수 있는 제도가 있다. 그동안 여러 차례 개정을 통해 금액적으로나 요건 등이 많이 좋아졌다. 먼저 가업상속공제란 중소기업 등의 원활한 가업승계를 지원하기 위하여 거주자인 피상속인의 생전에 10년 이상 영위한 중소기업 등을 상속인에게 정상적으로 승계한 경우 최대 600억 원까지 상속공제를 하여 가업승계에 따른 상속세 부담을 크게 경감시켜 주는 제도이다. 가업승계증여특례는 중소기업 등 경영자의 고령화에 따라 생전에 자녀에게 가업을 계획적으로 사전 상속할 수 있도록 지원하는 제도다. 과세표준 60억 원까지는 10% 세율로, 초과하는 경우는 20% 세율로 증여세 먼저 과세하고 이후 상속이 개시되는 경우 가업상속 요건이 충족되면 가업상속공제를 받을 수 있다.

나는 PB 영업을 하며 많은 기업 오너 손님들께 이 제도의 활용을 제안했다. 그러나 앞에서도 말한 것처럼 이 정도의 내용은 법인 대표라면 누구나 외부감사 회계법인에서 들을 수 있는 내용으로, 이런 손님들은 전혀 이 정도 내용은 귀에 솔깃하다고 생각하지 않는다는 것을 알았다. 이러한 이유로 PB가 가업승계를 테마로 신규 손님을 만족시키기 위해서는 다른 접근이 필요하다.

먼저 위에서 소개한 제도는 공제 적용 요건을 충족해야 할 뿐 아니라 상속 후 5년 동안이나 사후관리가 완료되어야 원하는 공제가 가능한 것이다. 실제 상담을 하다 보면 자녀가 해당 기업의 대표이사로 취임하기 힘든 경우도 있고, 또 새로 대표로 취임한 자녀가 고용인원 유지 조건이나 가업 유지 조건 등으로 신규 사업을 진행하는 데도 제약이 있다는 말을 많이 한다. 바로 법인 승계를 테마로 신규 손님 마케팅을 진행할 때는 이렇게 위에 말한 가업상속공제가 적용이 힘든 기업을 찾는 것이 좋다. 그런데 실제 영업을 하면서 해당 법인을 찾다 보면 상당수 가업상속공제가 적용이 힘들다는 것을 알 수 있다.

바로 이런 법인을 찾은 다음 법인 오너에게 '자본 거래'를 통한 법인 승계를 제안하면 된다. 간단히 소개하면, 부모님의 법인을 자녀들의 법인이 자본 거래를 통해 승계 효과를 거두는 것이다. 예를 들어 부모님 회사의 증자에 자녀들 법인이 참여를 하는데 적정 평가 금액보다 낮은 주식 가치로 참여하면 부모님 회사의 부모 지분은 상대적으로 자녀들 법인의 참여 지분 때문에 작아진다. 자녀들 법인은 낮은 주식 가치로 많은 지분을 확보했으므로 그 차액만큼을 법인의 이익으로 봐서 법인세를 납부하게 된다. 그런데 결국 이런 과정을 통해 자녀들 법인의 주주인 자녀들이 부모님 법인을 지배하게 되므로 추가적으로 자녀 주주들에 대한 증여세 과세도 이루어져야 하나, 아직 우리나라 세법은 이 증여세 과세는 하지 않고 있다. 증여세 대신 법인세를 납부한다면 대강 계산해 봐도 절세 금액은 적지 않음을 예상할 수 있다.

그러나 앞에서도 설명했던 것처럼 이러한 자본거래는 정당한 사유 없이 이루어지면 자칫 실질과세의 기준에 따라 추가 과세로 이어질 수 있는, 조금은 민감한 증여 플랜이다. 국세청에서 이 분야의 업무를 취급해 오던 세무사가 아니면, 이러한 플랜은 보통 세무사들은 잘 제안하지 않고 있다. 그런데 바로 이러한 플랜을 손님은 듣고 싶어 한다. 이와 관련한 설명은 이 정도만 하기로 하는데, 이를 활용하실 PB들은 꼭 이 업무를 충분히 수행할 수 있는 전문 세무사와 함께 진행해 보시기를 권유드린다.

### 나만의 영업 루틴(Sales Routine) ⚠

　손님의 재산 승계의 일환으로 증여플랜을 제안해 본 적이 있나요? 이 플랜이 실제로 실행된 경우와 그렇지 못한 경우 중 어느 쪽 경험이 더 많은가요? 증여플랜이 실제 실행되지 않고 제안으로만 끝난 경우가 많다면 그 이유를 생각해 보시면 향후 마케팅 방법을 찾을 수 있습니다.

# 2

# 부동산을 활용한
# 손님 마케팅

10년 전 PB 영업을 시작할 때 내가 목표로 하는 잠재 고객을 30인 이상 종업원을 먹여 살리고 있는 기업 오너, 서울에 100억 원 이상 되는 수익용 건물을 가지고 있는 건물주, 타 금융기관에 50억 원 이상 자금을 운영하는 자산가, 이렇게 기준에 맞춰 만났다. 이 중 건물주 기준은 최근에 200억 원 이상 건물 소유자로 변경해야 맞을 것 같다. 건물 소유주는 당장에 현금성 자산이 그리 크지 않더라도 꾸준히 '경작이론'에 따라 관리했던 경험이 있다.

많은 PB들은 당장 통장이 개설되어 보통 고객 등록이 가능한 금액이 들어오지 않으면 그 고객을 계속 관리하는 건 시간 낭비라고 생각한다. 이렇게 생각하는 것도 무리는 아니다. 최소 150명 이상의 기존 손님을 관리하면서 등록 가능한 자금 유치가 안 되는 신규 고객을 인내심을 가지고 고객화하는 것은 쉽지 않다. 그래서 대부분 기존 손님의 추천(referral)을 통해 당장에 자금 유치 여부가 결정되는 단기적인 신규 고객 영업을 하고 있다. 정확한 진단이라고 생각한다. 바로 여기에 고액 자산가인 신규 고객 유치 아이디어가 있는 것이다.

나는 처음 관리 고객 수를 15명 정도 인계인수받고 순수 외부에서 신규 고객을 늘려 갔다. 꾸준히 자산과 고객 수를 늘리며 10여 년간 PB 영업을 해 왔다. 그런데 대부분 시중 은행 PB는 단기적인 신규 고객 영업을 하고 있다. 나는 일단 잠재 고객의 기준을 까다롭게 적용해서 정말 돈 없는 사람을 긴 시간 관리해야 하는 나의 노력이 매몰비용은 되지 않게 하였다. 잠재 고객 단계에서 가망 고객 단계로 전환하며 관리를 하면 시간의 문제일 뿐 대부분 내가 원하던 고객화가 가능했다. 손님의 입장에서도 당장 자금을 넣어 주지 않았는데도 꾸준히 관리하는 나에게 믿음이 생겼다고 생각한다.

이미 소개한 이 내용이 중요하기 때문에 꼭 후배 PB들이 따라 해 보았으면 하는 마음에 한 번 더 설명했다. 이 방법은 절대 시간 낭비가 아니다. 초기에 고객의 자금이 유치될 때까지만 기다려 주면 고객화도 되고 그 관계도 돈독해질 수 있다. 가망 고객 집단에 대략 15명만 넘으면 이후는 거의 확률의 법칙으로 계속 신규 손님이 창출되는 기적을 경험할 가능성이 매우 높다.

## ⑤ 건물주가 잠재 고객으로서 매력적인 이유

이제 건물주가 잠재 고객으로서 왜 매력적인지 설명해 보고자 한다. 일단 200억 원대 수익용 건물을 소유했다는 것 자체가 큰 재력가임에는 틀림없다. 그러나 PB는 건물의 가치보다 당장 통장의 잔액 규모를 더 중요시한다. 매년 두 번의 평가를 받아야 하는 PB에게는 당연한 접근일 수 있다.

이러한 건물을 소유하신 분들은 금융 마케팅의 관점에서 크게 두 가지로 구분된다. 최초 부모님에게서 물려받았거나 아주 오래전 취득하여 취득 비용 자체가 지금은 무의미할 정도로 시간이 지나서 임대료가 온전히 통장이 쌓이는 건물 소유자들과, 건물 취득을 위해서 이미 대출을 받아 금융 비용을 제외하면 통장에 임대료가 제대로 쌓이지 않는 향후 건물 가치 상승에 더 큰 의미를 두는 건물 소유자들로 구분할 수 있다. 전자의 건물주는 이미 금융기관에서 진정한 고객으로 거래할 확률이 높고, 후자의 경우는 대출을 취급하는 은행 지점장 외에 PB는 당장 관심을 보이지 않을 수 있다.

그러나 나는 후자의 건물주도 PB가 꾸준히 관리해 볼 만한 충분한 가치가 있다고 본다. 일단 건물 가치가 있기 때문에 시간을 두고 각종 세금 이슈부터 규모는 작지만 자산관리에도 신경을 쓰면서 영업 기회를 기다린다. 만약 이 건물이 매각 플랜을 실행한다든지, 어떠한 변화가 생긴다든지 상속이나 자녀에게 증여하게 되었을 때 정말 큰 금융 마케팅 기회를 얻게 된다.

또한 PB가 신규 손님을 개척할 때 초기 뭔가 니즈를 발견하는 것이 매우 중요하다는 것은 이미 여러 번 설명한 내용인데, 순수 개인 손님보다는 건물을 소유한 분이 훨씬 니즈 발견에 용이하다는 것을 알아야 한다. 다시 말해서 순수 개인 손님을 만나 고객화하는 것보다는 건물주의 초기 니즈 발견을 통해 솔루션을 제시하면 손님의 만족도가 높아져 고객화에 성공할 가능성이 훨씬 높기 때문이다.

### ⑤ 건물 소유주 대상 마케팅 시 주의점

다음은 건물 소유주 대상 마케팅을 할 때 주의할 점이다. 제일 주의할 점은 부동산 자체를 영업의 대상으로 삼아서는 안 된다는 것이다. 많은 PB들은 건물 소유주와 미팅을 할 때 이런 이야기를 들으면 고무되는 경우가 많다. "김 부장, 이 건물을 잘만 팔아 주면 매각 대금은 모두 김 부장에게 예금해 주겠네." 혹은 "이 부장, 위치 좋은 곳에 싸게 나온 건물 있으면 나에게 소개해. 대출은 이 부장에게 받겠네." 하지만 건물 자체의 매각이나 매입을 대상으로 한 영업은 절대로 쉽지가 않다. PB가 건물의 매각, 매입으로만 영업을 한다면 잠재 고객을 고객화하기 전에 지쳐 버릴 확률이 매우 높다.

PB는 건물의 매입 또는 매각을 그저 니즈 중의 하나로만 생각하고 또 다른 니즈도 계속 발굴하여 손님과의 관계를 계속 유지해야 한다. 건물 매입 또는 매각 외에도 손님과 계속 만날 일이 있어야 한다는 의미이다. 모두 알겠지만 건물의 매각이나 매입은 PB가 열심히 노력해서 되는 일이 아니기 때문이다. 또한 "잘만 팔아 줘.",

"좋은 곳에 싼 건물"은 다분히 주관적인 시각이며 세상 이치에도 맞지 않는 말이다. 좋은 위치에 있는 건물이 어떻게 쌀 수 있겠는가?

물론 건물의 매각이나 매입 니즈가 구체적이고 그럴 만한 이유가 있는 경우는 추진하는 것도 좋은 영업이 될 수 있다. 그러나 이때에도 한 번 더 생각해야 하는 것이 있다. 건물이 있는 고객은 다른 자산이 좀 더 있을 확률이 높다는 점이다. 아무리 매각이 급하다고 해도 본인이 원하는 금액이 아니면 그냥 기다리기는 경우가 많고, 매입하시는 분도 극히 개인적인 눈높이가 맞지 않으면 쉽게 의사 결정을 하지 않는다는 것을 알아야 한다.


Ⓢ 매입 매각 가능성을 높이는 노하우


여기에서 매입 매각 가능성을 높이는 나만의 노하우를 하나 공개한다. 먼저 부동산 매매 계약의 체결 가능성을 높이기 위해서는 아무리 급해도 매도자 또는 매수자의 눈높이를 현 부동산 시세에 맞추려는 노력이 필요하다. 수익용 건물에는 인근 매매 사례 및 가치 산정 방법을 통해서 적정한 가격(Fair Price)이라는 것이 존재하는 것처럼 보인다. 실제 존재할 수도 있다. 그러나 계약 당사자가 현 부동산 시세를 받아들이지 못하면 이는 공정 가격이 아니다. 반대로 어느 한 사람이 양보해서 어떤 가격을 매수자와 매도자가 받아들이면 또한 공정 가격이 될 수도 있다.

부동산을 활용한 영업을 하는 PB가 본인이 관리하는 고객이 매수자든 매도자이든 간에 제일 먼저 해야 할 일은 고객에게 지금 시장에 형성되고 있는 가격을 알려 주는 것이다. 어떤 건물이 어떤 가격이면 싸다, 비싸다, 적정하다 등 시장의 눈높이를 알게 하는 것이 매우 중요하다. 이러한 이유로 꼬마 빌딩을 처음으로 매수하는 고객에게는 급한 마음에 바로 진성 매물을 소개하기보다는 이미 거래되었던 매물이나 다른 사람이 계약한 건물을 한 6개월 정도 보여주며 공부시키는 것도 방법이다.

다음으로 중요한 것은 지금 부동산 시장을 정확히 파악하는 것이다. 매도자 우위 시장인지 아니면 매수자 우위 시장인지 말이다. 만약 지금이 매도자 우위 시장이라면 매수자를 잘 설득하는 것이 유리하다. 이런 경우에는 매수자가 조금이라도 양보를 해야 거래 확률이 높아지기 때문이다. 시장에는 공정 가격이 있는 것처럼 보이지만 실제 거래가 성사되기 위해서는 어느 한쪽이 조금 양보해야 계약이 체결된다는 것을 알고 있었으면 좋겠다.

부동산 자문 서비스는 본점의 전문가를 활용해야 하며 이때 같이 서비스를 진행할 부동산 중개인도 매우 중요하다. 자칫 이 중개인이 너무 장사치처럼 행동하는 사람이면 자문 서비스를 받는 고객에게 불만이 쌓일 수 있기 때문이다. 나도 은행 퇴직을 앞두고 자문 서비스로 부동산 계약을 하나 체결했는데 부동산 중개인의 고지의무 위반으로 문제가 된 적이 있다.

손님과 상담을 할 때 부동산이라고 하면 주택에 대한 문의가 훨씬 많다. 그러나 이런 상담은 전문가 답변 정도로 갈음해야지 실제 매도 매수를 자문 서비스하기엔 좀 무리가 있다. 일단 은행 수익 면에서 그렇게 금융 영업의 효과가 그리 크지 않을 수 있고 또한 주택이란 개인적인 편향이 워낙 크기 때문에 수익용 건물처럼 범용적으로 접근하기에 어려운 측면이 있다. 그러나 요즘 강남에서는 분양하는 주택 한 채가 거의 수익용 건물에 맞먹는 가격이 책정되어 있는 경우도 자주 목격할 수 있다. 이런 분양 주택은 워낙 대단한 분들이 선별적으로 분양받고 있는지라 향후 분양 주택 입주자에 대한 사전 마케팅 차원에서 접근하면 좋은 성과가 있을 것으로 본다.

부동산마케팅에 대한 새로운 관점을 정립해서 좀 더 효과적이고 또한 신규 손님을 만날 수 있는 수단으로 적극 활용했으면 좋겠다.

## 나만의 영업 루틴(Sales Routine) △

관리하는 손님 중 수익용 건물을 매입 또는 매각 의뢰를 하신 분이 있나요? 지금 부동산 시장을 매도자 우위시장으로 보시나요, 또는 매수자 우위시장으로 보시나요?

# 3

# 기업금융(대출)을 활용한
# 손님 마케팅

   은행에 입사해서 회계사 전공을 살려 기업과 친숙한 일을 맡았고 행원 때는 IB(투자금융) 업무를 맡았다. 자산관리본부에 이동해서도 나름 기업 금융과 개인 자산관리 기능을 같이 수행하는 자칭 '양손잡이 PB'가 되려고 노력을 많이 했다. 세무 전문가로 일하던 시절 이런 양손잡이 PB의 장점에 대해 이야기하면 당시 선배들로부터 "네가 프라이빗뱅킹(Private Banking)의 의미를 알고 하는 이야기냐?"며 비아냥 섞인 반응을 듣곤 했다. 물론 그때는 나의 진정한 의미가 잘못 전달되었을 수도 있겠다 싶다. 지금 다시 한번 정확한 양손잡이 PB의 장점을 설명해 보도록 하겠다.

   이 책에서 여러 번 기업 오너를 PB 최고의 손님군으로 생각한다고 이야기했다. 은행 입장에서 보면 기업 오너는 금융 마케팅 측면에서 매우 많은 영업 기회를 제공해 준다. 먼저 기업 오너 개인은 다른 손님들에 비해 가장 자산의 유동성이 풍부하니 자산관리의 기회를 기본적으로 제공해 준다. PB의 능력에 따라서는 기업과 관련된 여러 업무에 대해서도 영업 기회를 확보할 수 있다. 대출이나 법인 보유 자산운용 및 퇴직연금 등 법인 차원의 영업 기회가 너무 많이 있다. 그리고 PB의 역량이 된다면, 직원과 관련 금융 업무도 인근 리테일 지점에 소개가 가능하니 이 얼마나 훌륭한 마케팅 대상인가?

그런데 PB의 영업 특성상 기업의 오너를 직접 대면하면서 관리하니 모든 일 처리가 빠르다. 과거 PB 선배들이 이런 이야기를 한 적이 있다. "개를 만나지 말고 개 주인을 만나라." 기업 오너 대상 영업에 정확히 적용되는 표현이다. 바로 기업 오너인 회장님을 만나지 못하고 기업의 CFO나 자금부장 등 직원을 대상으로 영업을 하면 얼마나 힘든지 모른다. 그러나 PB가 기업 오너를 만나는 순간, PB는 그때부터 주인과 같은 대접을 받기 시작하니 선배들의 이 이야기는 정말 경험에서 나온 이야기임에 틀림없다.

이제 정리하면 양손잡이 PB가 되자는 말은 개인의 자산관리도 하면서 기업의 대출도 모두 취급하자는 이야기가 아니다. PB는 본연의 업무인 기업 오너의 개인 자산관리에 충실하면서 여기서 쌓인 기업 오너와의 신뢰를 바탕으로 기업 금융 및 종업원 관련 금융 영업 기회까지 확보하자는 의미이다. 그런데 PB가 기업 금융에 지식이 부족하면 아무리 눈앞에 땔감이 널려 있어도 발견하지 못하는 것과 똑같은 결과가 나오므로 PB도 대출이나 기업 관련 금융의 기본은 공부하고 영업에 활용하자는 것이다.

이렇게 PB가 기업 금융에 기본 실력을 가지고 있으면 기업 오너를 처음 소개받아서 고객화하는 데도 큰 도움이 된다. PB가 은행의 임원이나 지역 대표님에게서 뜻하지 않게 정말 대단한 기업의 회장님을 소개받을 수도 있지 않겠는가. 대전에서 근무하던 모 PB가 나의 강의를 듣고 바로 이런 경우에 어떻게 해야 하느냐고 연락이 온 적 있다. 참 안타까운 마음이었다. 가까운 곳에 있으면 같이 가서 고객화 과정을 직접 보여 주고 싶은 심정이었는데 원거리라 어쩔 수 없이 책에 있는 내용을 설명해 줄 수밖에 없었다.

PB가 이렇게 대단한 기업 회장님을 만날 때 제일 중요한 것이 앞으로 3회 이상 이 회장님과 어떤 주제를 가지고 계속 만날 것인가이다. 물론 그 주제가 회장님이 시간을 할애해 줄 정도의 가치가 있어야만 할 것이다. 그런 주제를 찾기 위해서는 PB가 회장님이 가장 필요로 하는 니즈를 빨리 발견해야만 한다. 바로 이 니즈를 발견할 때 PB가 기업 금융 관련 지식까지 있다면 도움이 된다. 먼저 회장님 개인과 관련된 니즈를 파악해 보고 안 되면 법인 니즈까지 파악해 볼 수 있는 두 번의 기회가 주어지니 니즈를 발견할 가능성이 훨씬 높아진다. 이후 솔루션을 가지고 와 자연스럽게 3회 이상 미팅이 이루어지고 또 이러한 과정에 회장님이 만족하신다면 진정한 고객화가 되는 것이다.

만약 이런 대단한 회장님을 처음 만나서 이러한 니즈 발견이 안 되었다고 생각해 보자. 한 번 정도는 더 우연히 방문한 것처럼 인사를 할 수는 있겠으나 그다음은 다시 만나기 매우 힘들어진다. 내가 말한 3회 법칙은 그냥 나온 것이 아니고 직접 경험해서 검증한 것이니 이 정도는 믿어도 될 것 같다.

지금까지는 PB가 기업 금융 지식을 습득해서 '양손잡이 PB'가 되어야 한다는 내용을 설명했지만, 은행에 근무할 때는 은행에 기업 금융을 전담하는 RM을 상대로 개인 자산관리 지식을 일부 습득하라는 강의를 했다. 법인 영업할 때 기업의 오너를 직접 만나 큰 거래를 편하게 유치하라는 뜻에서 '양손잡이 RM' 강의를 많이 해 왔다. 앞으로 은행이 급속도로 디지털화되고 요즘처럼 AI가 전면적으로 도입되기 시작한다면 머지않아 은행에서 진정으로 대면 영업을 하는 사람은 자산관리를 하는 PB와 기업 금융을 하는 RM만 남을 것으로 생각한다. 이렇게 된다면 이 두 조직은 서로가 서로의 장점을 빨리 도입해서 타 금융기관과의 차별화 전략을 추진해야 살아남을 수 있을 것이다.

　내가 RM 강의 때 언제나 사용했던 SC제일은행 박종복 행장님의 인터뷰 기사 하나를 소개한다. 제목은 "디지털금융 시대, 그러나 승부는 결국 대면 영업서"이다. 내용 중 공감 가는 부분만 소개하면 다음과 같다.


　"디지털 금융 시대 가장 부가가치가 크고 남들과 차별화할 수 있는 영역은 결국 대면 영업"

　"비대면 디지털 영업을 축구 경기의 수비, 대면 영업을 공격에 비유했다."

　"시장 점유율 수비만으로는 남들을 앞서지 못한다. 다른 경쟁자들과 격차를 벌릴 수 있는 부분은 대면 영업, 즉 개인 고객의 자산관리와 기업 금융이 될 것이다."

참 공감 가는 말이다. 이제 은행을 퇴직했으니 박 행장님이 아직
도 은행에 계시면 한번 만나 보고 싶다.


## 나만의 영업 루틴(Sales Routine) ⚠

현재 관리하시는 손님 중 '기업 오너'는 몇 분이나 되나요? 다른 손님군들과 비교
해서 기업 오너 손님군의 장단점은 무엇이라고 생각하나요?

# 4

# 자산관리 주특기를 활용한
# 신규 고객 마케팅

　이 부분은 굳이 설명하지 않아도 모든 PB가 활용해서 고객 마케팅을 하고 있는 분야이다. 자산관리자라면 전반적인 자산관리 분야를 파악해야 하지만 분야가 워낙 넓다. 신규 손님의 잠재 니즈까지를 개발해서 손님 상담을 성공하기 위해서는 꼭 자산관리의 어느 한 분야에 있어서는 정말 전문가 정도의 지식과 경험을 쌓기를 권유했다. 증권사 직원 못지않은 주식 직접 투자 능력, 남보다 반보 앞서는 펀드 상품 선택 능력, 채권 딜러 못지않은 채권 지식, 아무리 복잡한 외국환 거래도 방법을 제시할 수 있는 지식과 경험, 외환 딜러 정도의 파생 상품 및 환율 예측 능력 등등 정말 많은 분야가 있으니 본인이 제일 잘 알고 또 관심이 있는 분야 하나를 선택해서 꼭 전문가가 되기를 바란다.

　그저 일반 지식으로는 고객에게 설명은 할 수 있을지 몰라도 신규 손님을 설득하고 리드하여 본인이 원하는 고객화 목적을 달성하기 위해서는 최소한 한 분야 정도는 전문가가 될 필요가 있다.

　이 장에서 소개하고 싶은 내용은 기존 손님이나 신규 손님 모두에게 사용할 수 있는 금융 시장 동향을 이용한 '3분 스피치' 만들기이다. PB는 매일 아침 출근하면 하루 업무 준비 과정에서 꼭 해야 하는 일이 전일 미국 시장 동향을 파악해서 오늘 한국 시장을 준비하는 것이다. 나도 아침에 이 루틴만은 꼭 지키고 있으며 오히려 은행 근무 때보다 더 신중하게 임하고 있다. 그래서인지 요즘 ETF 투자 수익이 훨씬 더 좋아지고 있다.

이렇게 시장 동향을 파악하는 데 과거에는 너무 시간도 많이 걸리고 또 참고하는 증권사 자료도 내용이 부실해서 내용을 제대로 파악하는 데 참 어려움이 많았다. 그런데 요즘 나는 월 3만 원도 안 되는 금액으로 정기 구독 서비스를 신청해서 이 부분을 짧은 시간에 해결하고 있다. 만족도 또한 매우 높아서 퇴직한 지금도 업무 루틴으로 지키는 일 중에 하나다. 구독 서비스 제공자의 동의를 얻어 관련 내용의 일부를 첨부하였다.

## Ⓢ 3분 스피치란 무엇인가

나는 영업에 있어 스토리의 중요성을 여러 번 설명했다. PB는 하루에도 여러 손님을 만나고, 전화 상담까지 포함하면 많을 때는 10명 이상의 손님에게 자산관리의 기본이 되는 시장 동향을 설명해야 할 때가 많다. PB 시절 아침이면 전일 금융 시장을 리뷰하면서 손님에게 전달하고 싶은 내용을 메모하는 버릇이 생겼다. 이 과정이 매일 반복되면서 나만의 3분 스피치가 만들어졌다. 대략 2분 정도는 전일 금융 시장과 최근 일주일 및 1개월 또는 반기 정도의 큰 흐름들을 정리하고 나머지 1분은 그 손님에게 PB가 제안하고 싶은 내용을 준비하는 것이다.

그런데 이 또한 스토리이므로 글로 적어만 놓은들 아무런 소용이 없다. 맞다. 한 번 자기 목소리로 읽고 가능하면 앞에 손님이 있다고 생각하고, 한 번 말하는 연습이 반드시 필요하다. 같은 내용을 PB가 아주 힘있는 목소리로 자신 있게 말하는 것과 본인도 정리되지 않은 내용인 듯 매끄럽지 않게 말하는 것은 듣는 손님의 입장에서 설득될 확률이 크게 차이 날 것이다. 바로 이러한 이유로 3분 스피치는 PB 본인이 자기만의 생각을 포함해서 자기만의 용어로 만들어야 하는 것이다. 본점에서 전문가가 아무리 전일 시장 동향을 아침에 잘 정리해서 PB들에게 전달해 주어도 PB가 실제 이를 사용하지 못하는 이유는 자기가 만들지 않았기 때문이다.

이제 내가 구독하고 있는 JS' Global Insight(PAS투자자문) 이준수 대표의 글로벌 금융시장 요약(Summary) 하나를 소개하고 이를 이용해서 나만의 3분 스피치를 어떻게 만드는지 설명해 보도록 하겠다.

# 미국 부동산 가격 상승세가 꺾여야만
# 기준금리 인하 가능

2024. 2. 14. (수) Global Daily

[2/13 글로벌 금융시장 Summary]
- 증시: 야간시장 하락, 주간시장 상승 / 금리 : 상승 / 환율: 달러화 강세 / 대안자산: 비트코인 하락, WTI 상승, 금 하락, 은 하락, 구리 하락, 미국 REITs 가격 하락

■ 어제(2/13) 미국 S&P500은 -1.37% 하락해서 4953.17pt입니다. 미국 국채 10년물 금리는 +0.140%p 상승해서 4.320%입니다. 달러인덱스는 +0.67% 상승해서 104.868pt입니다.

■ 한국 KOSPI는 +1.12% 상승해서 2649.64pt입니다. 국채 10년물 금리는 +0.053%p 상승해서 3.453%입니다. USDKRW 환율은 -0.02% 하락해서 1328.05원입니다.

■ 2024년 1월 미국 CPI가 예상보다 높게 나왔습니다. 모든 항목이 포함된 CPI는 1월에 전월 대비(MoM) +0.3%, 전년 동월 대비(YoY) +3.1% 상승했습니다. 변동성이 큰 에너지와 신선식품이 제외된 Core CPI는 1월에 전월 대비 +0.4%, 전년 동월 대비

+3.9% 상승했습니다. 지금은 YoY보다 MoM에 주목해야 합니다. MoM증가율은 CPI와 Core CPI 모두 예상보다 높게 나오면서 연준의 Higher for longer 명분을 강화시켜 주었습니다.

- 1월 CPI, Core CPI MoM증가율이 높았던 이유는 주거비 등 '서비스' 항목의 전반적인 가격 상승 때문입니다. CPI를 움직이는 핵심 항목인 에너지는 전월 대비 -0.9% 하락했으나 주거비(임대료) +0.6%, 주거비 제외한 나머지 서비스 항목(의료비, 교육비, 교통비 등) +0.63% 상승하며 '서비스 전체'가 전월 대비 +0.66% 상승했습니다. 1월 물가 상승의 3분의 2를 주거비가 기여했습니다.

- 지난 1월 FOMC회의에서 파월 의장은 미국의 인플레 둔화는 상품(Commodity, Goods) 가격 하락 때문이고 서비스 가격 상승세는 아직 진정되지 않았다고 말했는데, 그 우려가 확인되고 있습니다. 미국 CPI 서비스 가격 상승세가 2022년 물가 상승이 가장 높았던 시기로 복귀되었습니다. 그 결과 기준금리가 조만간 인하되어서 경제와 증시가 개선될 것이라는 시장의 기대에 찬물을 끼얹었습니다.

- 기준금리 첫 번째 인하 예상 시기는 5월에서 6월로 미뤄졌고, 시장이 예상하는 올해 기준금리 인하 횟수는 5번에서 4번으

로 축소되었습니다. 미국 국채 금리는 크게 반등했고 미국 증시는 모든 섹터가 일제히 크게 하락했습니다. 특히 금리 상승에 취약한 중소형주 주가 하락이 컸습니다(미국 중소형주 주가지수인 러셀2000 -3.96% 하락).

▪ 그러나 1월 물가 상승의 주범인 주거비 상승세는 곧 진정될 가능성이 높습니다. 미국 주택경기에 선행하는 경기 선행 지수가 21개월째 하락하고 있으며, 인건비와 자재비 상승으로 공사비가 크게 증가해서 주택건설업자들의 수주를 측정하는 'NAHB 주택시장지수'도 계속 낮은 상태에 머물고 있기 때문입니다. 높은 대출 금리로 인해 미국 주택 수요는 더 약해질 것입니다. 최근 거래되는 미국 주택 가격이 하락하기 시작했으므로 머지않아 임대료 상승세 둔화로 이어질 것입니다.

▪ 원래 인플레 둔화는 원자재(Goods) 가격 하락에서 먼저 시작되고 주거비(서비스) 상승세가 뒤늦게 꺾이는 순서로 진행됩니다. 원자재 가격은 하향 안정화되어 있습니다. 따라서 연준이 올해 상반기까지 높은 금리를 계속 유지한다면 주거비(서비스) 상승세도 하반기부터 둔화되어 2%대 물가상승률로 복귀할 가능성이 높습니다.

▪ 연준의 긴축이 길어질수록 올해 하반기 물가 상승률은 2%

대로 안착할 가능성이 높아지고, 기준금리 인하가 늦어질수록 미국 경기 침체 압력은 높아집니다. 이는 주식에 불리하고 채권 (국채)에 유리한 환경입니다. 따라서 위축되지 마시고 장기물 국채 투자를 계속 유지하시면 됩니다. 올해 6월에 기준금리 인하가 시작된다면 장기물 국채 금리는 그보다 더 먼저 하락 전환될 것입니다. 따라서 연초 금리 반등에 의한 채권가격 하락은 2분기 중반 이후 시작될 금리 하락에 의한 가격 상승으로 충분히 상쇄될 것이고 이후 추가적인 가격 상승을 얻게 될 것입니다.

■ 그러나 주식은 하반기로 갈수록 불리해집니다. 작년 11월부터 시작된 미국 증시 랠리는 올해 3월부터 기준금리가 인화되어 경제와 증시가 개선될 수 있다는 낙관적 희망이 깔려 있었습니다. 그러나 기준금리 인하가 지연된다면 경기 개선 기대는 낮아지고 경기 침체 우려가 커질 것이므로 증시 랠리의 기본 전제가 약해질 수밖에 없습니다. 따라서 주식에 대해서는 여전히 보수적 관점을 유지해야 하고 증시 변동성 확대를 대비하기 위해 달러, 엔화, 장기물 국채 등의 안전장치를 철저히 갖춰서 투자해야 함을 잊지 마시기 바랍니다.

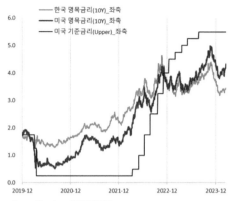

* Source : Bloomberg, 2024.2.13 기준

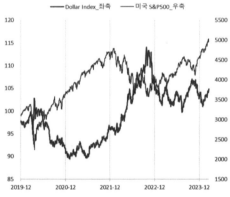

* Source : Bloomberg, 2024.2.13 기준

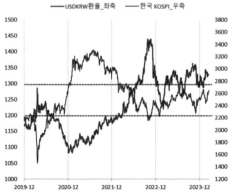

* Source : Bloomberg, 2024.2.13 기준

## 한국 국채 금리 변화

| 구분 | 현재금리(%) | 당일 변화(%p) | 최근 1개월 변화(%p) | 연초이후 변화(%p) |
|---|---|---|---|---|
| 한국 기준금리 | 3.500 | 0.000 | 0.000 | 0.000 |
| 한국 CD91일물 | 3.670 | 0.000 | −0.100 | −0.160 |
| 한국 1Y | 3.417 | 0.033 | 0.046 | −0.017 |
| 한국 3Y | 3.353 | 0.048 | 0.149 | 0.199 |
| 한국 5Y | 3.391 | 0.054 | 0.150 | 0.235 |
| 한국 10Y | 3.453 | 0.053 | 0.147 | 0.270 |
| 한국 30Y | 3.358 | 0.034 | 0.142 | 0.270 |

## 미국 국채 금리 변화

2024년 02년 13일 기준

| 구분 | 현재금리(%) | 당일 변화(%p) | 최근 1개월 변화(%p) | 연초이후 변화(%p) |
|---|---|---|---|---|
| 미국 기준금리 | 5.500 | 0.000 | 0.000 | 0.000 |
| 미국 3M | 5.393 | 0.001 | 0.027 | 0.049 |
| 미국 6M | 5.348 | 0.046 | 0.162 | 0.092 |
| 미국 1Y | 4.990 | 0.120 | 0.340 | 0.200 |
| 미국 2Y | 4.665 | 0.189 | 0.520 | 0.414 |
| 미국 5Y | 4.324 | 0.186 | 0.492 | 0.476 |
| 미국 10Y | 4.320 | 0.140 | 0.379 | 0.440 |
| 미국 30Y | 4.470 | 0.089 | 0.293 | 0.441 |

이상 텔레그램으로 아침마다 받는 구독 서비스 내용 중 일부를 발췌해 보았다. 벌써 몇 년 동안을 아침마다 이 글을 읽으니 지금은 바로바로 눈에 들어와서 아주 짧은 시간에도 내용 파악이 가능하다. 또한 일부 그래프와 도표를 첨부했지만 시장 요약 부분에서 말한 내용은 반드시 해당 근거를 아래에 첨부해 준다. 그리고 계속해서 우리나라 주요 증권사의 데일리 리포트들도 잘 정리되어 첨부된다. 이 정도 내용이면 구독료는 전혀 아깝지 않다고 생각한다.


## ⑤ 좋은 스피치의 3가지 조건

이제 이 내용을 바탕으로 자기만의 3분 스피치를 만들어 보자. 먼저 좋은 스피치의 3가지 조건을 소개하고 싶다.

첫째, 적시성이다. 시장 동향은 매일매일 바뀌고 또 그날그날 중요 이벤트가 있기 마련이다. 그런데 3분 스피치에서 이를 반영하지 못하면 혹시 시장에 관심이 많은 손님에게는 차라리 이야기하지 않는 것이 더 좋을 수 있다. 이러한 이유로 좀 귀찮아도 아침마다 꼭 시간을 내서 전체 시장을 파악하는 것이 중요하다. 그런데 이런 좋은 구독 서비스를 활용하면 많은 시간을 절약할 수 있다고 생각한다.

둘째, 희소성이다. 이 조건은 누구나 말하는 내용 말고 자기만의 내용을 전달해야 한다는 것이다. 아마 범용적인 증권사 리포트나 아침 은행 데일리 리포트를 참고한다면 이 조건을 충족시킬 수 없을지 모른다. 그러나 많은 사람이 이용하지 않는 위 사례의 구독 서비스를 이용한다면 이 내용 자체가 작성자의 논리로 작성되므로 손님에게는 희소하게 받아들여질 수 있다고 생각한다. 여기서 반드시 설명하고 싶은 내용은 나 또한 구독 서비스의 주장을 100% 다 동의하지는 않는다는 것이다. 이 서비스에서는 시장을 바라보는 서비스 제공자의 논리만 받아들인다는 것을 꼭 이해해 주셨으면 한다.

셋째, 이해 가능성이다. 이 3분 스피치는 여러 손님들이 들어야 하므로 금융 지식의 깊이나 나이의 차이 또는 금융 투자 경험의 차이를 모두 극복하고 누구나 비교적 쉽게 이해할 수 있어야 한다. 전문가 영역 비즈니스에서 손님 설득을 위해 가장 필요한 것은 쉬운 설명이라는 것을 잊어선 안 된다. 어려운 경제 현상을 쉽게 설명할 수 있는 것도 PB의 중요한 능력 중의 하나이다.


Ⓢ 나만의 3분 스피치 만들기

이제 이 정도 기준을 가지고 3분 스피치의 뼈대를 만들어 보자. 먼저 전일 동향 중 중요 이벤트부터 시작해서 중기이상 동향까지 내가 손님에게 전달하고 싶은 내용을 짧게 메모해 보는 것이다.

- 전일 시장의 가장 중요 이벤트는 2024년 1월 미국 CPI가 예상보다 높게(+3.1%) 나와 주가는 하락하고 미국 국채 금리는 급등(스토리에서는 미국 소비자물가지수가 전년대비 상승률이 2%대 안착되어야 금리 인하 가능하다는 내용 설명)

- 우리나라 장기 국채 금리도 오늘 급등 예상

- 달러인덱스도 상승했으니 오늘 원달러 환율은 상승 출발 예상

- 미국 기준금리도 첫 번째 인하 예상 시기도 5월에서 6월로 미루어지고 올해 기준금리 인하 예상 횟수도 5번에서 4번으로 축소

- 지금 당장 주식시장은 전고점을 계속 갱신하며 오르고 있으나 기준금리 인하가 늦어질수록 미국 경기 침체 압력은 높아져 주식에는 불리하지만 국채 투자에는 유리한 환경

- 장기물 국채 투자 계속 유지

- 그러나 주식 시장을 지금 떠나지는 말고 안전장치인 엔화, 장기물 국채 투자를 병행

이상 7가지 내용으로 시장 동향 스피치를 준비하고 내가 추천하고 싶은 상품을 3가지 준비한다.

- 미국 장기 국채 투자용: ACE 미국30년국채액티브(H) ETF
SOL 미국30년국채커버드콜(합성) ETF

- 엔화 및 미국 장기 국채 병행 투자용: KBSTAR 미국채30년
엔화노출(합성 H) ETF

- 한국 장기물 국채 투자


이렇게 메모를 하고 이를 이용해 나만의 3분 스피치를 만든다. 그리고 꼭 벽을 보고 읽어 본다. 이렇게 하면 하루 PB 영업 준비가 완료된다. PB 여러분도 꼭 한번 실천해 보시길 진심으로 권유한다. 손님에게 전달되는 목소리가 확신이 생기고 듣는 손님도 훨씬 권유 상품 가입에 호의적으로 변해 가는 것을 느낄 수 있을 것이다.

나는 지점장 시절 같이 근무하는 PB들에게 3분 스피치를 준비하게 하기 위해 일부러 화요일 전체 회의 시간에 먼저 시범을 보인 다음, 다음 주부터는 돌아가면서 시장 동향을 발표하자고 제안해 본 적이 있었다. 그런데 이 3분 스피치를 가장 잘 준비했던 사람은 당시 예비 PB였던 직원이었고 그 직원은 지금 승진하여 본점에 있다. 아마 앞으로 유능한 PB가 될 거라고 자신 있게 말할 수 있을 것 같다.

Chapter 5 'How to 상속마케팅'과 Chapter 6 'How to 고액 자산가 마케팅'에서 설명한 고객 니즈들을 다음과 같이 표로 정리해 보았

다. 고객을 만나기 전 미리 내가 발굴해야 하는 니즈들을 아래와 같이 생각해 보고 가급적이면 시급한(Urgent) 니즈일수록 고객화가 빠르다는 것을 기억했으면 한다.

기업 오너 상담 시 주요 니즈 분류

| | Potential | Normal | Urgent |
|---|---|---|---|
| 세금 | 증여플랜(사전증여)<br>기부(재단설립 등)<br>가업승계 | 소득세 절세 | 세무조사,<br>*토지보상<br>상속게 신고<br>미국 Tax File<br>(FATCA/FBAR) |
| 부동산 | 부동산 매입<br>부동산 관리 신탁 | 부동산 매각<br>부동산 개발(건축) | 부동산 매각<br>(세금 관련) |
| 기업금융 | 기업 매입<br>IPO | 기업 차입금 재조정<br>기업 매각(M&A) | 기업인수금용<br>(대출)<br>부동산매입자금<br>대출 |
| 자산관리 | | 자산 운영<br>(개인/법인) | |

## 나만의 영업 루틴(Sales Routine) △△

 당신은 매일 아침 손님 자산관리 상담을 위하여 무슨 준비를 하나요? 금융 시장 동향은 매일 확인하나요? 매일 체크하시는 업무 루틴이라면 꼭 '3분 스피치'를 만들어 활용해 보세요.

# 5

## 은행 영업 달인 선배들의
## Sales Coaching

1994년 12월 23일 시중 은행에 입사를 했다. 당시에는 취업이 잘 되어 나처럼 경영학과 출신들은 보통 대기업 한 곳 정도는 그룹 공채에 합격해 놓고 본인 선호에 따라 취업을 했던 것 같다. 지금 같아선 상상하기 힘든 이야기이다. 나는 1995년 2월에 대학 졸업을 했으니 졸업식 전 직장 생활을 시작한 것이다. 참 좋았던 시절이었는데 얼마 지나지 않아 IMF의 폭풍 한복판에서 많은 선배들의 은행 명예퇴직을 직접 목격해야 했다. 우리가 TV로 봤던 〈응답하라 1988〉 성동일의 한일은행 퇴직을 상상하면 될 것 같다.

 IMF 때 은행이 망할 수 있다는 것을 알게 되었고, 위기에 대비해야겠다고 느껴 대학 때 준비했던 CPA 준비를 다시 시작했다. 그런데 당시에는 미국 공인회계사 시험을 준비할 수 있는 학원들이 하나둘씩 생기고 있을 때였다. 미국에 이민을 가신 형님의 권유도 있고 해서 캘리포니아 주 미국 공인회계사 준비로 전향하여 공부를 시작했다. 조금 힘들기는 했지만 미국 시험은 우리보다 훨씬 합리적이었다. 그들이 요구하는 범위를 충분히 공부하고 약간의 언어

장벽을 넘으면 시험은 합격할 수 있었다. 한국 공인회계사 시험은 실력은 기본이고 2차 시험 같은 경우에는 약간의 운도 같이 따라 주어야 합격하는 것으로 느껴졌다. 어쩌면 이때 새로운 준비를 했던 것이 지금의 나를 만드는 데 큰 역할을 한 것 같다.

입사한 시중 은행은 말 그대로 부모님 세대의 연공서열 위주의 전형적인 은행의 모습이었다. 입사해서 참 답답하다는 생각이 많이 들었다. 그런데 IMF를 지나며 주요 시중 은행이 모두 신설 은행들에 합병되면서 좀 변화된 모습들을 볼 수 있었다. 제일 눈에 띄는 변화는 '영업'을 중시하는 문화였다. 합병 전 시중 은행에서는 본점 부서가 많이 선호되었고 해외 근무가 가능한 국제부서는 선택된 이들만 발령되는 그들만의 리그로 이루어지는 느낌이었다.

합병 후에는 필드에서 영업 능력으로 성과를 낸 사람이 우대받고 승진도 빨리 하고 심지어 최고 CEO의 자리에까지 가는 것을 볼 수 있었다. 그동안 영업을 잘 이해하지 못하고 약간은 천시하는 사회적 분위기에 편승했던 생각은 완전히 바뀌게 되었다. 지금에 와서 확신을 가지고 말할 수 있는 것은 영업은 사람과의 관계가 기본이 되므로 영업에 성공한 사람은 조직을 관리하는 데도 당연 성공할 확률이 높다는 것이다.

## ⑤ JT회장 - 무모한 도전은 기적을 부른다

당시 은행에서 하이엔드 손님을 타깃으로 자산관리 영업을 하는 신설 조직을 만들었다. 나는 여기에 창립 멤버로 합류하여 세무 전문가로 업무를 시작하면서 자산관리 업무와 인연을 맺게 되었다. 그때 은행장님이셨던 JT회장님으로부터 가끔 경험에서 우러나오는 Sales Coaching 강의를 들을 수 있었는데 JT회장님은 영업의 대가라고 칭할 만한 분이셨고 참 열정이 넘치는 분이셨다고 기억한다.

먼저 JT회장님 강의 때는 아직 영업을 시작하지 않았던 시기라 강의 내용이 피부에 와 닿지 않았다. 오히려 내가 저런 영업을 할 수 있을까 하는 약간의 두려움이 느껴지곤 했다. 기억나는 내용이 하나 있다. JT회장님이 정말 대단한 회장님 한 분을 고객화하기 위해 그분이 살고 있는 성북동에 아침 일찍 갔다고 한다. 그분의 아침 운동 시간에 맞춰 같이 뛰면서 관계를 시작했다는 무용담 같은 이야기였다. 당시에는 영업을 잘 몰랐었기에 '나는 앞으로 은행장 되기는 좀 힘들겠다.', '나는 아침 잠도 많은데 어떻게 저렇게까지 할 수 있을까?' 하는 게 솔직한 나의 심정이었다.

그런데 한참 시간이 지나 나도 PB로 영업을 시작하여 JT회장님 못지않은 무모한 도전을 하면서 JT회장님의 열정을 이해할 수 있었다. 나도 K가구회사가 모 대기업에 매각되었다는 신문 기사를 보고 수천억 원의 매각 자금 유치를 위하여 동분서주 뛰어다녔다. 기업을 매도한 회장님을 만나기 위하여 주말에 분당 율동공원에 갔던 무모한 도전을 이 책 전반부에 소개한 적이 있다.

물론 실패하긴 했지만 율동공원을 한 바퀴 돌면서 옛날 JT회장님의 성북동 회장님 영업 강의가 생각났다. 그런데 율동공원의 무모한 도전은 나중에 두고두고 기적으로 돌아오기 시작했다. "무모한 도전의 기적"이라는 글의 제목은 이때 만들어진 것이다.

## ⑤ HS부행장 - 전문성과 열정

영업의 달인 선배 계보에는 JT회장님 다음으로 나의 초임 센터장 시절 HS부행장님으로 이어진다. 그런데 사실 영업보다 더 잘하시는 일이 있다. 실적 회의를 통해 조금 성과가 부족한 지점장들을 꼭 독려하셨는데, 그 모습이 존경스러웠다. 적정한 긴장을 주면서도 듣는 사람이 그리 기분 나쁘지 않게 하는 것이 정말 예술로 느껴졌다. 이 부행장님도 영업을 통해 성공하신 분이라 여러 차례 지점장들에게 세일즈 코칭(Sales Coaching) 강의를 해 주었다. 당시는 코로나 시대였으므로 대면보다는 비대면으로 강의를 많이 받았다. 초임 센터장을 하던 때라 참 열심히 듣고 메모하고 실천하려고 노력했다.

HS부행장님 강의 내용 중 공감 가는 글을 하나 소개한다.

"특정 업무에 누구에게도 뒤지지 않는 자신만의 전문성을 갖

추고, 포기하지 않는 열정으로 하루하루를 보내면 결국 성공적
인 지점장이 될 것이다."

메모 수첩을 보니 2021년 1월 21일 강의한 내용이라고 쓰여 있
다. 여기서 두 단어가 눈에 띄는데 '전문성'과 '열정'이다. 전문성에
대해서는 '특화 이론'을 설명한 장에서 나의 생각을 전달했으며 열
정에 대해서는 '열정이 있다면 당신은 무슨 일을 하든 성공에 좀더
가까이 서 있다' 주제의 본문에서 여러 번 강조한 적이 있다. 달인
의 세계에서는 뭔가 통하는 것이 있는 느낌이다.

다른 메모 하나 더 소개하면 "영업을 잘하려면 첫째 많은 손님
을 만나라! 둘째 많은 시도를 해라! 셋째 많이 부탁해라!"라는 글이
다. 나는 PB 영업을 하는 사람이라 무작정 많은 손님을 만나라고
는 말하지 않는다. 오히려 손님을 만기 전에 자기만의 까다로운 기
준을 가지라고 한다. 어떤 손님을 만나야 장차 큰 자금이 유입되고
또한 금융 영업 기회가 많을지 충분히 고민한 후 선별적으로 손님
을 만나라고 이야기한다. 이런 부분은 일반 지점장 영업과 PB 영업
의 차이라고 생각된다. 그러나 "많이 부탁해라!"라는 말에는 100%
동감한다. 영업의 다른 말은 부탁이라고 한다.

사실 나도 처음 영업할 때는 손님에게 부탁하지 못했다. 그러나
시간이 지나면서 손님과 신뢰가 쌓이니 비교적 편하게 주위 지인분
좀 소개해 달라는 말이 나오기 시작했다. 맞다. 부탁이 어려운 이
유는 아직 내가 부탁할 만큼 손님에게 신뢰를 쌓지 못했다는 반증

이다. 이렇게 말하고 싶다. 많이 부탁해라. 그러나 부탁하기 전에 먼저 손님에게 만족을 주어 신뢰를 쌓아라.


## ⑤ WH부행장 - 감성마케팅

내가 퇴직하기 직전까지 영업의 달인 선배 계보는 WH부행장님이 이어받았다. 부행장님이 지점장 시절 PB로 같이 영업을 해 본적이 있어 이분의 영업력이나 열정 등에 대해서는 너무 잘 알고 있었다. 부행장님은 취임하자마자 본인이 생각하는 지점장 영업에 대해 강의를 하기 시작했다. 하도 여러 번 들어 어느 정도 레퍼토리를 외울 수 있을 정도였다. 그러나 강의를 들을 때마다 새로운 공감을 하게 되었다. 옆에 지점장은 많이 지루해하는 눈치였으나 반복해서 들을수록 부행장님이 무슨 고민 때문에 저런 이야기를 하는지 공감이 더욱 깊어지는 느낌이었다.

이제 주요 내용들을 소개해 보도록 하겠다. 부행장님 강의 중 제일 공감이 가는 내용부터 소개한다. 2023년 6월 12일 메모를 보니 이렇게 쓰여 있다.

"많은 지점장은 당장 돈이 필요한 사람을 찾아다닌다. 그러나
진정한 영업은 앞으로 돈이 필요할 때 나를 찾도록 하는 것이다."

지점장의 대출 영업의 바른 방법을 설명한 것인데, 너무 멋있는 말 아닌가? 영업을 해 보지 않은 사람은 감히 말할 수 없는 영업의 정의라고 생각한다. 120% 공감한다. 나도 '경작이론'에서 똑같은 정의를 한 적이 있다. PB의 영업 또한 당장 돈 있는 사람을 쫓지 말고 앞으로 큰돈이 생기면 나를 찾게 하는 것이라고 말한 적이 있다. 이 이야기를 듣는 순간 부행장님과 우리 둘은 통하는 뭔가가 있음을 느꼈다.

또 다른 메모에는 이렇게 적혀 있었다.

"동창 지인들을 활용한 소개 영업은 대부분 엉터리이거나 우량하지 않을 확률이 높으니 점주에 있는 손님 영업에 충실해라."

나도 '소개마케팅은 실패의 지름길이다'에서 유사한 내용을 설명한 바 있다. 부행장님의 취지는 많은 지점장이 정작 중요한 점주는 살피지 않고 동창이 소개하는 시외에 있는 대출부터 신경 쓰는데 그 대출이 정말 우량한 대출이었으면 시외에 있는 차주 근처 지점장들은 왜 가만히 있었겠느냐는 것이다. 나의 주장은 PB가 신규 고객을 찾기 힘드니 자기가 만나기 편한 지인이나 동창의 소개에 많이 의존하는데, PB의 영업 대상은 동창이 모시고 있는 기업의 회장이므로 동창이 회장님을 소개하지 않는 한 이런 소개 영업을 통해 큰 손님은 만나기 힘들다는 내용이다. 역시 뭔가 통하는 것이 있다. 그 외에도 적어 두었다가 두고두고 써먹은 영업 방법도 있다.

"5만 원 선물로 50만 원 효과를 내는 방법으로, 부탁하기 전에 평상시 미리미리 선물을 발송해라. 명절 때 하는 선물은 기억에 남지 않는다. 또한 선물을 보낸 후에는 꼭 스토리를 담은 문자나 카톡을 발송해라."

'직원 작은아버지가 청도에서 과수원을 합니다. 이번에 당도가 높다고 하네요. 가족분들과 맛 좀 보시라고 사과 보내 드립니다.'

이렇게 예문까지 알려 주신다. 사실 이러한 감성마케팅은 PB가 훨씬 더 잘하는 영역이다. 그러나 부행장님이 알려 주신 예문은 나도 이후 자주 사용하였다. 사실 스토리는 팩트보다 강한 힘이 있다. PB 영업에 있어 스토리의 중요성은 이미 여러 번 언급하였기에 이 정도에서 정리하고자 한다.

특히 부행장님은 점주권 벽돌 쌓기라는 제목으로 더 촘촘한 점주권 영업 강화를 많이 강조하셨다. 점주 병원, 약국, 건물주 샅샅이 훑기 및 동네 일등 부동산 중개인 반드시 저리 대출해 주기 등 많은 방법을 알려 주셨다. 물론 PB 영업과는 다소 괴리가 있지만 그래도 모두 통하는 면은 있다. 나는 부동산 중개인 저리 대출해 주기를 부동산 중개인에게 손님 소개해 주기로 바꿔 PB들에게 이야기하곤 했다. 이렇게 하면 대출을 해 주는 것보다 실질 수익에 도움을 줘 부동산 중개인과 훨씬 더 깊이 있는 비즈니스 파트너가 될 수 있다. 결국 이런 일들이 반복되면 책에서 소개한 '고객 공유'가 가능해지는 것이다. 고객 공유(Customer Sharing) 이론을 꼭 한 번 더 읽어 보면 좋겠다.

나도 WH부행장님 뒤를 잇고 싶은 열정이 있었다. 그러나 일단 인생 1막에서는 힘들 것 같다. 퇴직 전 부행장님이 만드신 '공부하는 날'이라는 교육 프로그램이 있었는데 여기에 자청해서 강사로 한번 나가겠다고 신청한 적이 있다. 그때 강의 날짜까지 정했는데 나의 강의가 PB를 대상으로 한 내용이라 전체 공유에 한계가 있다고 취소되었다. 강의를 들었으면 내용이 전체 공유해도 충분히 훌륭하다고 했을지도 모르는데 참 아쉬움이 많았다. 비단 이뿐만이 아니고 은행을 퇴직하니 참 많은 아쉬움이 남는다.

지점장 동료인 SH지점장님의 영업 관련 성공 사례 발표 자료에 있었던 글을 소개하고 싶다.

"불리하더라도 긍정적인 메시지로 지속적으로 제안하며 느리지만 꾸준하고 반복적으로 할 때 작은 성과가 드러난다."
"손님의 거절은 다음을 위한 저축이지만 PB의 포기는 이자를 하나도 받지 못하는 예금 중도해지이다."

모두 영업을 진정으로 해 본 사람에게서 나올 수 있는 말이라고 생각한다.

## 나만의 영업 루틴(Sales Routine) ⟁

직장 생활을 하시면서 제일 기억에 남는 선배의 가르침은 무엇인가요? 좋은 가르침은 꼭 실천을 해야 더욱 의미가 있습니다.

# 후배에게 드리는 글

# 1. 영업 루틴(Sales Routine)

금융 영업과 관련된 글을 마무리하며 이제 퇴직한 선배로서 꼭 해 주고 싶은 이야기를 작성하고자 한다. "내가 새로 배운 영업 스킬들을 어떻게 활용해야 영업 성과가 나타날 수 있는가?"에 대한 답변이다.

## 영업과 마케팅의 차이점

PB 시절 때 세미나에서 동료 PB 한 분이 발표를 하는데 제목이 "Marketing vs Sales"였다. 우리가 자주 사용하고 있는 마케팅과 세일즈(영업)가 어떻게 다른지 묻고 발표를 시작했다. 처음 들었을 때 그저 이 단어, 저 단어를 쓰고는 있었지만 차이점을 한마디로 말하기는 쉽지 않았다. 발표자는 영업과 마케팅의 차이점에 대해 우리가 손님을 찾아가는 일체의 활동은 영업이며, 손님이 우리를 찾아오게 하는 모든 활동은 마케팅이라 설명했다. 참 귀에 쏙 들어오는 정의이다. 이때부터 두 단어의 차이점을 정확히 알고 정확하게 사용할 수 있었던 것 같다.

우리가 하는 영업은 자신이 손님을 찾아가는 활동이다. 그런데 나의 경험으로는 좀 더 근본이 되는 마케팅을 이해하고 영업을 하니 훨씬 효과가 컸다. 이러한 이유로 나는 이 책에서 관계마케팅의 기본을 짬짬이 소개하려고 했으며 이를 바탕으로 한 신규 고객 개척 영업 방법을 설명하려고 노력했다.

내가 파악하기로 아직 우리나라에 금융기관 직원을 대상으로 한 제대로 된 영업 관련 교육 과정은 없는 것으로 안다. 단지 영업에 필요한 지식을 제공하는 데 중점을 두고 있으며, 실제로 이 지식을 활용해서 어떻게 영업을 해야 하는지에 대한 교육은 없는 것 같다. 지금과 같은 고액 자산가에 대한 자산관리 영업은 철저히 담당 서비스 제공자의 개인 역량에 의존하고 있는 것이 현실이다. 은행 자산관리 영업의 경우 4대 시중 은행이 과점 체제로 적정하게 고객을 나눠 관리하고 있으니 딱히 영업 교육에 대한 필요성을 느끼지 못하고 있다. 그저 자산관리 직원에 대한 핵심성과지표(KPI) 관리에 좀 더 역점을 두어 직원의 열정에만 의지하는 것이 아닌가 하는 생각이 든다. 물론 경쟁이 치열하고 상품 판매가 쉽지 않은 보험업의 경우에는 영업이 곧 연봉이니 영업 교육 및 관련 책도 많다는 것은 이미 이야기한 바 있다.

## 세일즈 코칭(Sales Coaching)의 의미

이렇게 제한적이지만 영업 관련 교육은 대부분 '세일즈 코칭(Sales Coaching)'이라는 표현을 사용한다. 여기서 'Coaching'이라는 표현은 개인화 또는 맞춤형이라는 의미를 담고 있다. 이런 관점에서 세일즈 코칭이란 누구에게나 균일화된 방법을 알려 주어 모두가 활용하는 것을 의미하지 않는다. 각 개인이 본인에 맞는 영업 방법을 찾도록 하는 과정이라고 정의해도 될 것이다. 맞다! 영업 방법은 모두가 사용해서 똑같은 성과를 만드는 만고불변의 원칙이 존재하지 않는다. 각자가 자신의 능력, 경험, 지식의 정도, 처한 상황에 따라 성과를 효과적으로 낼 수 있는 영업 방법을 찾아야 한다. 이런 의미에서 코칭이라는 표현을 사용했다고 생각한다.

이 책에서 설명한 영업 방법도 모두가 사용해 주기를 바라지도, 또 그렇게 할 수도 없을 것이다. 왜냐하면 이 글을 읽는 많은 PB는 나와 여러 가지 면에서 다르기 때문이다. 어떤 면에서는 독자인 PB 분들이 훨씬 뛰어난 점이 더 많을 수 있다. 이 책에서 제시된 여러 방법 중 자신에게 맞는 것이 있다면 그것을 선택하여 신규 고객 개척의 새로운 무기로 활용해 주기를 바라며, 또한 본인이 이미 활용하고 있는 본인만의 방법이 있다면 더욱 발전시켜 자기만의 무기로 만들기를 바란다.

그런데 끝으로 꼭 강조하고 싶은 내용은 다른 사람의 영업 방법을 채택하여 내 것으로 만들고자 한다면 반드시 일정 기간 동안은 반복적인 연습이 필요하다는 것이다. 어느 순간 이 방법이 나의 영업 루틴(Sales Routine)이 되었을 때 비로소 나의 무기가 된다는 것을 잊지 말았으면 한다.

영업의 달인 부행장님이 2시간 이상의 열강을 통해 이미 본인이 검증한 영업 방법을 아주 자세히 설명해 주었다. 또 그 방법을 실천만 하면 모두 큰 성과를 낼 수 있는데 왜 강의를 들은 모든 지점장들이 그 방법을 모두 실천하지 않는 걸까? 답은 영업 방법이란 코칭의 대상이기 때문이다. 우선 그 방법이 모든 사람에게 맞을 수는 없다. 또 맞다 할지라도 머릿속으로만 이해한 방법은 익숙하지 않아 필요할 때 바로 활용하기는 힘들다. 강의하시는 부행장님은 정말 답답했을 것이다. 모두 다 본인이 경험해 본 것이어서 실천만 한다면 모두 성과가 나올 수 있는데, 방법을 다 알려 주어도 바로 실행에 옮기지 않는 지점장들이 참 안타까웠을 것이다.

이러한 부행장님의 영업 방법을 온전히 지점장들이 실천하고 성과로 연결시키려면 먼저 지점장의 영업 방법에 대한 완전한 이해와 이를 반복적으로 실행에 옮기는 노력이 필요하다. 연습한 대로 이것이 자연스럽게 실천되는 순간, 즉 '영업 루틴'이 되었을 때 드디어 성과가 나오기 시작하는 것이다.

## 영업 루틴은 프리샷 루틴을 닮아 있다

나는 골프를 좋아한다. 골프는 원리를 알고 치지 않으면 아무리 체격 조건이 좋은 사람도 본인의 힘을 골프공에 100% 전달할 수 없다. 그러면 원하는 거리에 골프공을 보낼 수 없어 스코어는 형편없는 경우가 많다. 특히 골프는 멘탈 게임으로 외부의 영향을 많이 받는 변수가 많은 운동이다. 자신과의 싸움에 강한 사람에게 유리한 운동이라 아주 매력적인 운동이라고 생각한다.

그런데 골프에서 가장 긴장을 많이 하는 샷이 티박스에서 하는 티샷이다. 특히 뒤 팀이나 앞 팀의 갤러리가 있다면 더욱 긴장되기 마련이다. 우리는 이럴 때 '프리샷 루틴(Pre-Shot Routine)'이 중요하다고 말한다. 아무리 긴장이 되어도 평상시 근육이 기억하고 있는 순서를 그대로 따라 하다 보면 공이 정타에 맞을 확률이 높아진다는 것이다. 이 말은 모두 공감하시리라 생각한다.

'영업 루틴'도 '프리샷 루틴'과 같은 원리이다. 어떠한 영업 방법을 새로 시도하는 것은 참 긴장되고 힘든 경우도 많다. 그러나 반복적으로 실천하다 보면 어느 순간 자기도 모르게 이 방법이 루틴이 되어 그 상황과 조건이 갖춰지면 본인의 머리와는 상관없이 몸이 이미 실행하고 있을 것이다.

아직 영업을 하는 데 있어서 누가 시켜서 하는 단계라면 성과는 기대하기 어렵다. 자기도 모르게 실행되는 '영업 루틴'이 되었을 때 드디어 성과가 나타나기 시작한다. 나에게 맞는 영업 방법을 찾았다면 먼저 마음으로 완전히 이해하고 처음 몇 번은 힘들지만 실천해 보는 노력이 반드시 필요하다. 자기만의 '영업 루틴'을 먼저 만들어야 한다.

# 2. 두려움 없는 퇴직을 위하여

퇴직을 하고 이 책의 후반부를 작성하였다. 퇴직을 예정했던 시기에 하지 못하다 보니 사직서를 제출할 때부터 힘들었으며 이후 인생 2막을 시작하는 데도 다소 시행착오를 겪었다. 애초에 이 책 부록으로 이러한 내용을 정리한 '나의 퇴직 100일의 기록'을 추가하려고 했으나 생략하고 아직 퇴직하지 않은 후배들을 위한 글을 쓰기로 했다. 퇴직의 고통을 최소화하면서 이 책 내용을 활용하여 슬기롭게 인생 2막을 시작할 수 있는 방법을 소개하고자 한다.

## 퇴직도 예행연습이 필요하다

보통 우리는 실수하면 안 되는 중요한 일이나 많은 긴장이 수반되는 일을 하기 전 미리 연습을 해 본다. 남 앞에서 중요한 발표를 해야 할 때는 꼭 예행연습을 하는데, 확실히 긴장감도 완화되고 효과도 좋다. 퇴직은 긴장이 수반되는 일은 아니다. 그러나 경험자로서 미래에 대한 불안감이 상당한 기간 고통을 준다고 말할 수 있다.

특히 요즘처럼 정년퇴직하는 사람을 거의 찾기 힘든 시기에 대부분 금융기관 직원은 소위 명예퇴직이라고 부르는 특별 퇴직 프로그램을 이용하거나 임금피크제도 적용 직전 퇴직을 하는 것 같다. 그런데 소위 조직의 장까지 승진한 사람은 후배들 승진을 위해 자칫 본인이 생각했던 것보다 좀 더 빠른 시기에 퇴직해야 되는 경우가 있다. 바로 이런 상황에 퇴직에 대한 불안감은 최고조가 되는 것 같다. 바로 이러한 불안감을 최소화할 수 있는 방법이 퇴직 예행연습이다.

선배들이 퇴직 의사결정을 하며 힘들어하는 과정을 그저 강 건너 불 구경하듯이 쳐다볼 것이 아니고 내가 한번 퇴직자의 입장이 되어 심각하게 고민해 보는 것이다. 사직서 내용도 보고, 퇴직금도 조회해 보고, 가족들과 의견 교환도 해 보자. 특히 가족 중 아직 성년이 되지 않은 자녀가 있다면 꼭 빼놓지 말고 부모의 퇴직에 대한 의사결정에 동참하게 하는 것이 중요하다. 나도 갑자기 퇴직을 하며 이제 고등학교 1학년 자녀를 설득하지 못해서 참 많이 울었던 기억이 난다. 어린 자녀일수록 집안 가장의 퇴직을 더욱 불안해할 수 있다는 사실을 기억했으면 한다.

조금이라도 일찍 퇴직을 고민해 보고 완성된 모습은 아니지만 미래에 하고 싶은 일을 준비했다면 실제 퇴직을 해도 충격이 덜했을 것이다. 심지어 퇴직 후 가야 할 길을 알고 있으니 미래에 대한 약간의 불안감은 있을지라도 퇴직 후 자기도 모르게 그 길을 걷고 있는 자신을 발견하게 될 것이다.

## 가급적 만 55세까지는 버티는 것이 좋다

내가 근무했던 은행은 관례상 특별 퇴직 대상자가 만 55세 직원이다. 대부분 임원으로 승진하지 못한 부서장 또는 지점장이 특별 퇴직을 하여 후배들에게 승진할 수 있는 기회를 주고 퇴직을 한다. 그런데 왜 만 55세일까? 퇴직을 하고 나서야 이 만 55세의 의미를 알게 되었다. 바로 만 55세라는 나이가 각종 연금 저축과 퇴직IRP의 연금 개시가 가능한 시기이기 때문이다. 이 시기는 절세와 유동성 자금 확보 측면에서 매우 중요한 의미가 있다.

먼저 퇴직금은 일반 퇴직금과 특별 퇴직금으로 구분되어 지급되는데 그동안 퇴직연금 제도로 쌓여 있던 일반퇴직금은 바로 퇴직IRP로 입금되고, 보통 규모가 더 큰 특별퇴직금은 본인이 선택하지 않으면 퇴직 소득세를 공제하고 일반 통장에 입금된다. 그런데 이때 공제되는 퇴직 소득세를 이연시키고 절세할 수 있는 방법이 이 특별 퇴직금도 퇴직IRP로 받는 것이다. 이렇게 받아 퇴직연금 수령을 개시하면 퇴직소득세를 30~40%까지 절세할 수 있다. 이때 주의할 점이 바로 연금 개시 가능 나이 만 55세인 것이다. 만약 만 55세 이전 퇴직을 하게 되면 퇴직 후 연금 개시 전까지 필요한 생활비를 다른 방법으로 준비해야 한다.

퇴직을 하고 한 달 동안 하는 새로운 경험 중 적지 않은 충격을 주는 것이 월급날인데 통장에 아무런 입금 내역이 없는 것이다. 그런데 더욱 큰 충격은 그다음 날 출금되는 신용카드 대금은 그대로 빠져나간다는 것이다. 다른 퇴직 선배들에게 물어봐도 대부분 퇴직 후 바로 소비를 줄일 수 없었다고 한다.

만 55세가 되려면 아직 1년 반이라는 시간이 더 필요하여 유동성 자금 준비에 다소 어려움이 있었다. 이러한 이유로 해 보고 싶었던 '제주도 한 달 살기' 계획 등은 좀 더 늦추고 퇴직 후 2달 만에 새로운 직장에 출근하기로 했는데 지금도 많이 후회되는 부분이다. 아마 후배 여러분도 퇴직 후 직장 건강보험 및 국민연금 상실 처리 안내문을 받고 바로 다음 달부터 지역가입자 건강보험료 납부고지서를 받으면 나와 같은 의사결정을 이해할 수 있을 것이다.

## 인생 2막을 위한 준비, '내가 하고 싶은 일'

2024년 1월 말에 퇴직을 했다. 평소 기록하는 습관이 있어 퇴직 후 과거 작성했던 수첩 메모를 넘기다 보니 2021년 9월 7일이 화요일에 이런 내용이 적혀 있다.

> "더 나이 들기 전에 제2의 인생을 시작하자! 내가 제일 좋아하는 일을 하며."

아마 이때쯤부터 비교적 진지하게 나의 인생 2막에 대한 생각을 시작했던 것 같다. 내가 제일 좋아하는 것도 구체화하기 시작했고 또 내가 무엇을 제일 잘하는지도 생각해 보았다. 마지막으로 이런 것을 바탕으로 무슨 일을 해야 할지까지도 깊이 생각을 하며 주위 지인들의 의견도 듣고 퇴직할 때까지 고민해 왔던 것 같다.

인생 2막에 시작해야 하는 일은 대학을 졸업하고 직장을 찾는 것과는 좀 달라야 한다고 생각한다. 사회 초년생 때는 급여가 많고 안정적이며 복지 수준 등이 좋은 회사를 찾았다. 이렇게 찾아 입사하게 되면 여기서 '해야만 하는 일'은 모두가 따라 했다. 간혹 적성이 맞는 사람이나 '해야만 하는 일'을 '하고 싶은 일'로 만들어 할 수 있는 열정이 있는 몇몇 사람은 승진을 해서 임원도 되는 모습을 봐왔다.

그러나 인생 2막에서 무엇을 해야 하는지의 첫 번째 기준은 '내가 하고 싶은 일인가'에 두어야 한다. 우리가 살아가야 할 날이 너무 많이 남아 있다. 정식으로 은퇴하기 전까지는 무엇인가 일을 해야 한다는 것은 비단 경제적인 면 외에 정신건강적인 면에서도 매우 중요하다. 인생 2막에 하는 일은 굳이 '해야만 하는 일'을 '하고 싶은 일'로 만드는 데 에너지를 낭비하기보다는 '하고 싶은 일'을 찾아 그 일을 더욱 잘하는 데 남아 있는 열정을 바쳤으면 한다. 이제는 인생을 나 자신을 위해서도 살아야 하는 시기가 되었기 때문이다.

## 퇴직 후 구직 아이디어

이 책을 모두 읽은 후배들에게 활용 가능한 퇴직 후 구직 아이디어 하나를 알려 드리고 싶다. 신규 고객 발굴 영업을 잘하기 위해 무엇인가 한 분야에서만큼은 전문가가 되어야 한다고 '특화이론'에서 설명한 바 있다. 보통 '하고 싶은 일'은 내가 잘하는 일과 관련될 확률이 높다. 내가 '하고 싶은 일'이 잘 떠오르지 않는다면 내가 무엇을 제일 잘하는지부터 생각해 보자.

이후 내가 제일 잘하는 일을 구체화하기 위한 네트워크를 개발하여 그들과 좋은 관계를 유지한다. 영업의 대상이 되는 손님을 상호 소개하고 소개받는 관계까지 진전되면 바로 '고객 공유 파트너'가 되는 것이다. 바로 이것이 '고객 공유 이론'이다. 이렇게 네트워크와 내가 제일 잘하는 일을 가지고 상호 윈윈(Win-Win)하는 관계를 유지하다가 퇴직을 하면 바로 그 네트워크에 가서 그동안 내가 네트워크와 했던 상대 업무를 내가 하면 되어 비교적 쉽게 퇴직 후 구직을 할 수 있게 된다.

내가 제일 잘하는 분야는 세금을 활용한 신규 고객 개발이다. 이를 위해 국내 굴지의 세무법인들과 좋은 관계를 유지했으며, PB 시절 이들과 상호 고객을 공유하며 많은 도움을 주고받았다. 퇴직 후 이들 세무법인 중 한 곳에 입사하여 기존에 하던 일의 상대 업무를 자연스럽게 맡아 하고 있다.

또, 꼭 하고 싶은 일은 나의 '금융 영업 방법'을 후배에게 알려 주는 일이다. 이 책이 완성되면 꼭 하고 싶은 '세일즈 코칭(Sales Coaching)' 강의를 해 볼 계획이다. 다음으로 고액 자산가를 상대로 영업을 하는 많은 사람들을 위하여 영업 대상인 고액 자산가를 아주 편리하게 소개받고 소개해 줄 수 있는 고객 공유 플랫폼 (Customer Sharing Platform)을 완성해 보고 싶다.

짧지만 이상 4가지 조언을 잘 준비한다면 진정 두려움 없는 퇴직이 가능할 것이다. 먼저 퇴직 전 지금 하고 있는 고액 자산가 영업에 충실하고 이 책에 나온 방법을 활용하여 자기만의 '영업 루틴'을 만들어 열정을 발휘하다 보면 결국 이 일이 나의 퇴직 후 구직 활동에도 큰 역할을 한다는 걸 알게 될 것이다. 부디 이 책이 지금 하고 있는 영업에도 도움이 되고 퇴직 후에도 하고 싶은 일을 찾는데 길라잡이가 되었으면 한다.

Ultra High Net Worth Individuals

부록

# 독자 Q&A

지금 완성한 이 책은 4년 반 전에 블로그를 통해 처음 글을 쓰면서 집필이 시작되었으며 이후 브런치스토리에 글을 올리면서 좀 더 구체화되었다. 그리고 근무했던 은행에서 직원들을 대상으로 여러 차례 강의를 하면서 내용을 보강할 수 있었다. 이 기간 동안 적지 않은 독자들이 글을 읽고 질문과 응원의 댓글을 달아 주었으며, 강의 후에도 후배들이 실제 영업을 진행하면서 도움을 요청한 사례가 많았다. 이 책의 마지막 순서로 그때 모아 놓았던 독자들과 후배 직원들의 질문과 그에 대한 답변을 정리해 보고자 한다.

**Q** 저는 지점에서 고객 자산관리 업무를 하고 있는 PB입니다. 얼마 전 지역본부 임원께서 정말 만나기 힘든 모 상장기업 회장님을 소개해 주셨습니다. 본부장님과 같이 방문해서 인사는 드리고 왔는데 이후 추가적인 접촉 방법을 찾지 못하고 있습니다. 앞으로 어떻게 관계를 만들어 가야 할까요?

**A** 최소 3회 이상의 미팅이 이루어지면 고객화 확률이 급격히 높아집니다. 그런데 직급이 높고 누구나 알 수 있는 유명한 자산가 잠재 고객들은 이런 계속적인 접촉을 갖기가 힘든 경우가 많습니다. 또한 이렇게 몇 주만 시간이 지나가도 처음 미팅한 잠재 고객에게 PB는 금방 잊히고 맙니다. 이러한 이유

때문에 PB는 잠재 고객을 만나기 전, 그가 관심 있을 법한 것들을 찾는 과정이 필요합니다.

특히 기업을 경영하시는 분들은 많은 내용이 공개되어 있으니 인터넷 검색 자료를 참고하거나 상장 법인의 경우에는 최근 주가 동향 증권사 리포트, 공시 재무제표 등을 참고해야 합니다. 기업의 유동성 자산은 장단기 어떻게 운영되고 있는지, 기업의 대출은 어느 정도인지 알아보고 가능하면 만기 구조도 파악해 두면 좋습니다. 수출입 업체라면 외화 보유 내역 및 주요 보유 통화 등도 알아보고 미리 환율 동향을 준비하는 것도 필요합니다. 인터넷 기사 검색을 통해 잠재 고객이신 회장님의 개인적인 내용들도 파악해서 부동산 및 세금 관련하여 최근 관심 갖고 있는 내용들도 파악해 두는 것이 좋습니다.

보통 PB가 잠재 고객을 만나 처음 상담할 수 있는 30~40분 정도의 시간 동안 반드시 얻어 내야 하는 것이 다음번 미팅 약속입니다. 이때 가장 자연스러운 다음 미팅 약속은 잠재 고객이 좀 더 알았으면 하는 어느 주제에 대해 자료나 전문가와 같이 방문하겠다고 하는 것입니다. 그러므로 내가 파악한 사전 정보를 활용하여 잠재 고객이 궁금해할 만한 어떤 것 혹은 니즈를 간단한 질문들로 빨리 알아내야 합니다. 물론 질문만 할 수 없으니 금융시장 동향 등을 3분 정도 분량으로 준비하여 지금 금융시장에 맞는 기업 및 개인 자산 관리 방향도 제시하고, 잠재 고객 상황에 맞는 부동산 시장 설명이나 최근 자산 승계 방법 등 세금 이슈도 준비해서 스토리로 전달하며 잠재 고객의 관심 사항을 파악해 내야 합니다.

끝으로, 법인 경영자에게는 기업 대출 관련 내용도 미리 대출 담당자와 협의해서 한 번 정도는 터치해 주는 것이 좋습니다. 이렇게 기업 오너 자산가의 니즈를 파악할 수 있는 자산관리, 부동산, 세금, 기업금융 등 4가지 테마를 활용해서 잠재 고객이 제일 관심 있어 하는 주제를 찾게 되면 자연스럽게 다음번 이에 대한 추가적인 답변을 준비해서 찾아뵙겠다고 하면 됩니다.

그런데 이렇게 잘 준비해도 기업 내에서 충분히 전문가 서비스를 받을 수 있는 대기업 오너 같은 경우는 첫 상담을 통해 필요로 하는 니즈를 발견하지 못하는 경우도 많습니다. 이러한 경우도 그 소중한 첫 만남을 계속 유지할 수 있는 방법을 찾아야 하는데 대표적인 방법이 감성마케팅입니다. 제일 먼저 문자나 카톡을 통해 미팅에 대한 감사 인사를 드리고, 새로운 미팅이 잡히기 전까지는 가벼운 주제라도 반복적으로 문자를 보내는 것이 좋습니다. 물론 확률은 높지 않으나 여러 가지 주제를 달리하여 정보를 제공하면서 관심 사항에 대한 답변을 요청해 볼 수도 있습니다. 또한 계절이나 시기에 맞는 부담되지 않는 선물을 하나 보내는 것도 좋은 방법입니다.

마지막 방법으로 비서실에 대략적인 회장님의 스케줄을 문의하고 사무실에 있을 시간에 맞춰 약속 없이 찾아가 보는 것도 추천합니다. 물론 많은 용기가 필요한 일이지만 그래도 내가 누구인지를 알고 있을 때에만 할 수 있는 무모한 도전이니, 포기하지 마시고 마지막까지 최선을 다하다 보면 기적이 반드시 함께할 것입니다.

|||||||||||

Q 저는 은행에서 PB 업무를 기획하고 있는 본점 부서에서 일하고 있습니다. 본점에서 고액 자산가 신규 손님 풀을 발굴하는 조직을 만들어 운영하는 방법을 제안하셨는데, 구체적으로 이 조직에서는 어떠한 일들을 할 수 있는지 알고 싶습니다.

A 필자가 젊은 나이에 WM들 업무를 지원하는 본점 부서장 역할을 맡고 딱히 업무 내용에는 없었지만 영업하는 WM들을 직접 돕고 싶은 마음에 생각해 낸 아이디어였습니다. 매일 10억 원 이상의 자산 규모를 가진 손님을 만나고 리포트를 제출해야 하는 WM들의 가장 큰 어려움을 조금이라도 해결해 주고자, 그들이 만날 수 있는 잠재 손님 풀을 은행 내부와 관계사 고객 그리고 외부 각종 모임 및 고액 자산가 회원을 보유하고 있는 단체들을 접촉해서 그들이 필요로 하는 각종 모임이나 세미나를 주선해 주고, 이때 WM 한 명이 호스트를

하게 하여 자연스럽게 영업할 수 있는 잠재 손님 풀을 확보할 수 있게 해 주었습니다.

은행 외부에도 고가 자동차 동호회 모임, 각종 경제인 모임, 강남 유명 교회 신도들의 모임, 각 백화점 최고 회원들의 모임, 호텔 피트니스 멤버 모임, 유명 갤러리 회원 모임 등 시간이 갈수록 좀더 우수한 잠재 손님 풀을 발굴하게 되었습니다.

질문 주신 분께서 PB업무 기획을 담당하신다고 하니, 여기에 추가로 은행 내부 직원들의 고액 자산가 리퍼럴 제도까지 포함하여 신규 업무를 기획해 보시면 좋은 성과가 나올 것이라 확신합니다.

|||||||||||

Q  저는 앞으로 금융기관에 취직해서 PB 업무를 해 보고 싶은 대학생입니다. 제 전공은 아니지만 경영대 마케팅 수업을 수강해 보려고 합니다. 다행히 저희 대학에 관계마케팅 과목이 수강 신청 가능하거든요. 그런데 경영학 복수 전공하는 친구에게 이 과목 내용을 물어보니 기존 만들어진 고객을 어떻게 장기간 유지 관리하면서 경제적 성과를 창출하는지에 대한 마케팅 과정을 배운다고 합니다. 필자님 글은 모두 고액 자산가를 어떻게 신규 고객으로 만들 수 있는지에 대한 내용인데, 관계마케팅 내용이 어떠한 도움을 줄 수 있는지는 알고 싶

습니다.

A　관계마케팅 과목을 수강할 수 있다고 하니 큰 행운인 것 같습니다. 보통 대학에서는 이 과목이 따로 개설되지 않아 필자도 대학에서는 거래마케팅 과목을 수강하였습니다. 대학원에서 논문 주제 선정을 위해 'Relationship Marketing' 책을 잠시 참고했던 기억이 있습니다. 이후 필자가 고액 자산가 신규 영업을 하면서 우연히 서점에서 관계마케팅 책을 접하고 처음에는 위 질문과 같은 생각을 하였습니다.

　그런데 시간이 지나면서 필자의 영업에 대한 의문을 해결하고자 좀 더 깊이 있게 내용을 생각하며 읽어 보니, 미래에 이 손님을 어떻게 관리할지에 대한 모습이 그려지기 시작하니 지금 이 잠재 손님을 어떻게 고객화해야겠다는 답도 알 수 있게 되었습니다. 잠재 손님이 '만족'을 해야 고객화를 할 수 있는데 이를 위해서는 고객에게 '가치'를 제공해야 하고, 그러면 내가 줄 수 있는 가치는 무엇인가를 생각할 수 있었습니다. 아마 필자의 글에서 가장 중요한 큰 줄기는 바로 이 내용일 겁니다.

　이 관계마케팅에는 이 '가치'가 무엇인지, 또 고객은 어떻게 이 '가치'를 인지하는 등이 초반에 기술되어 있고 이후 고객의 만족을 통해 어떻게 신뢰와 충성도 관리를 하며 결국 장기적인 경제적 성과를 만들어 내는 과정이 설명되어 있습니다. 필자는 잠재고객을 처음 만나서 이 가치를 어떻게 제공할지 고민하다가 금융기관 PB에 맞는 방법은 빠르게 고객의 니즈를 발견하고 이후 이에 대한 솔루션을 주는 것이라고 정의하였습니다.

관계마케팅이 장기적인 고객 관리 방법을 설명한 책이지만, 이 책을 공부하면 틀림없이 신규 손님 영업에도 좋은 아이디어를 줄 수 있으니 꼭 대학에서 가능하시면 수강을 하시기를 추천드립니다. 또한 필자의 책 Chapter 1에 관계마케팅 내용이 고액 자산가 신규 고객 마케팅에 어떻게 도움이 되는지에 대해 좀 더 자세히 설명하였으니 참고 바랍니다.

|||||||||||

**Q** 제가 맡고 있는 PB센터는 점주권이 많이 노령화 되어 신규 자금 유입보다는 기존 손님 관리에 치중하고 있습니다. 물론 시중 은행 간 경쟁 또한 치열한 편입니다. 이러한 점포 환경에서 어떠한 마케팅이 효과적일까요?

**A** 우리나라 인구 구조가 이제는 노령화에 진입하고 있어 노령화 이슈는 이제 대부분 PB센터의 유사한 환경으로 받아들여야 할 것 같습니다. 40~50년대 생으로 일정 규모 이상 자산을 형성하신 분들이 PB의 주요 고객인데, 필자는 이런 분들에게 어필할 수 있는 주제가 '자산 승계'라고 생각합니다.

나이가 들수록 자산 규모가 일정 수준을 초과하는 사람들은 우리나라와 같이 상속 증여세율이 높은 경우 재산을 자녀에게 어떻게 물려주어야 하나 하는 고민을 대부분 하지 않을 수 없습니다. 이러한 이유로 점포의 색깔을 '상속 증여 전문 PB센터'로 가지고 가는 것을 추천드립니다. 상속 증여 테마는 자연스럽게 고액 자산가들만 걸러 주는 역할(filtering)도 하므로 좋은 전략입니다.

다만 상속 증여라는 주제를 어떻게 잠재 손님께 계속적으로 노출할지, 관심을 가지고 찾아오신 손님께 어떻게 매력적인 상담을 진행해 줄지, 결국 이런 잠재 손님을 어떻게 고객화할지에 대한 준비가 되어 있어야만 마케팅의 성과를 확인할 수 있을 것입니다.

사람이 어떤 분야에 관심을 가지게 되면 자연스럽게 관심 주제의 단어를 다른 사람보다 빨리 발견하게 됩니다. 외부 간판이나 Y 배너 등을 활용하여 '상속 증여 전문 PB센터'라는 단어를 지속적으로 노출하는 것도 좋은 방법이라고 생각합니다. 이 분야에 뭔가 솔루션이 필요한 잠재 고객의 눈에는 훨씬 더 잘 띄게 되어 있으니 가시성 있는 장소에 '상속 증여'라는 단어를 계속 노출시켜 보십시오.

||||||||||

Q 저는 올해부터 손님 자산관리 업무를 담당하는 PB로 발령이 나서 새로운 업무를 시작하고 있습니다. 증권사 WM이 고객에게 제공할 핵심 가치를 은행에서 경험할 수 없는 수익률

가능 상품 제공이라고 했는데, 이에 대한 구체적인 설명 부탁드립니다.

A 필자는 은행에서 주로 근무했던 PB였습니다. 그러나 증권사 PB(또는 WM)의 영업에 대해서도 이야기할 수 있는 것은 금융지주 관계사 중 증권사에서 4년 정도 PB 지원 업무를 했기 때문입니다. 당시 은행과 증권 협업을 통해 좀 더 투자 성향이 높은 손님들에 대한 자산관리 비즈니스 모델을 만들기 위해 증권사에서 근무하면서 증권사 PB의 영업에 대해 고민한 적이 있습니다. 훨씬 규모가 큰 조직과 인력을 보유하고 대규모 PB 업무를 추진하는 은행에 비해 증권사를 거래하는 손님은 어떠한 차별성을 희망할까에 대한 고민이었습니다.

당시 필자가 내린 결론은 법률상 라이선스로 규제되어 있는 주식 투자나 채권 직접 투자 등의 차별성 이외에 증권사 PB는 일정 통제되어 있는 리스크를 가지고 있으면서도 은행보다 훨씬 우월한 수익률을 가지고 있는 상품의 제공이었는데, 예를 들어 독자적인 사모펀드 같은 상품의 제공입니다. 물론 나중에 이 사모펀드 중 일부는 은행에서도 판매되어 부실로 인해 사회적 이슈가 되기도 했지만, 여기서는 특정 상품을 말하는 것이 아니라 각 상황에 따른 리스크는 통제되면서 손님의 기대를 충족해 줄 수 있는 상품의 제공 방식을 사모로 제공할 수 있음을 말하는 것입니다. 이러한 사모 방식으로 구조화된 비상장법인 지분 투자 등이 대표적인 사례입니다.

물론 지금도 주식과 채권의 직접 투자를 희망하시는 고객에게는 증권사 PB가 충분한 차별성은 있다고 생각합니다. 그러나 요즘은 은행에서도 각 ETF와 채권을 신탁을 통해 얼마든지 사고팔 수 있어 그 차별성은 좀 더 희석되고 있다고 봐야 합니다. 증권사 PB에게 자산을 맡긴 손님은 상당수가 은행과 거래하면서 특정 니즈를 충족하기 위해 증권사를 거래한다고 볼 수 있으므로 증권사 PB는 신규 손님을 유치할 때 은행 PB가 제공해 줄 수 없는 그 무엇인가를 개발해야 한다고 생각합니다.

|||||||||||

**Q** 저는 올해 3년 차 PB입니다. 거래하시는 손님이 돌아가시면 먼저 상속세로 많은 금융자산이 줄어들겠다는 걱정이 앞서는데, 상속을 계기로 자녀 세대까지 추가로 고객화하는 마케팅 기회로 활용할 수 있다고 하니 상속마케팅을 꼭 마스터하고 싶습니다. 장례식장 조문 갈 때부터 마케팅을 시작해 보려고 합니다. 혹시 이 마케팅 진행 과정에 가장 중요한 부분 하나를 이야기해 주신다면 무엇인가요?

**A** 이 상속마케팅에서 가장 중요한 순간은 장례식이 모두 끝난 후 상속인들을 다시 접촉하여 이후 상속세 신고 과정을 PB가 주간할 수 있어야 한다는 것입니다. 만약 이 신고를 PB가 모르는 다른 세무사가 처리하게 된다면 PB는 마케팅에 필요한

정보를 제공받을 수가 없어 원하는 결과를 얻지 못할 수도 있기 때문입니다.

상속마케팅을 통해 자녀 세대를 고객화할 수 있다는 말은 상속세 신고 기간인 6개월 동안 상속인이 자녀를 자주 만날 수 있고, 이 과정에서 발생하는 여러 어려움들에 대해 PB가 적극적인 도움을 줄 수 있어야 한다는 의미입니다. 자녀가 이러한 과정에 만족하여 PB를 신뢰하게 된다면 이후 자연스러운 고객화가 가능해집니다.

PB가 아는 세무사가 상속세 신고를 대행하게 되면 자연스럽게 신고 과정에서 발생하는 현안들에 대해 PB가 공유할 수 있으며 6개월간 상속인들과 같은 고민을 할 수 있게 됩니다. 특히 마지막 상속재산 분배 과정에도 일부 참여할 수 있게 되어 상속세 신고 후 상속인 금융 거래 규모도 가늠할 수 있습니다. 6개월 동안 같은 편이 되어 같은 고민을 해 주는 과정이 지나면 경험상 대부분의 상속인들은 자연스럽게 금융거래가 유치되었습니다.

그렇다면 이 상속마케팅을 하는 PB는 상속 신고 과정이나 이후에 있는 세무조사 등의 주요 과정을 잘 파악하고 있으면서 상속세 신고 대리 세무사의 중요성을 잘 설명할 수 있어야 하며, 상속세 신고 난이도나 규모에 따라 신고 업무를 대행해 줄 세무사들도 네트워크로 평소 잘 관리하고 있어야 합니다.

그러나 현실적으로 타깃 고객이 될 만한 손님들은 대부분 생전에 거래하고 있는 세무사가 있을 확률이 높습니다. 이런 경우 PB는 빨리 그동안 거래 내용을 잘 확인하여 상속세 신고는 다른 유능한 세무사로의 변경이 가능한지 여부를 판단하고, 만약 세무사 변경이 어려울 경우엔 기존 거래 세무사와 접촉하여 향후 세무신고 과정에서 정보 공유가 가능한 관계를 형성하는 것이 중요합니다. 만약 이마저도 힘든 상황이라면 상속세 신고 무렵 상속인을 통해 신고서 사본이라도 받아야 합니다. 이 신고서를 통해 피상속인의 재산 규모와 세금 납부 스케줄 등을 파악해서 이후 영업 기회라도 잡을 있기 때문입니다.

PB가 상속세에 대한 지식이 있어야 상속인의 고민을 듣고 솔루션을 주어 향후 영업 기회를 확보할 수 있으니, 먼저 필자의 상속마케팅 방법을 통해서라도 간접 경험을 하시고 실제로 상속세 신고 과정을 몇 건 체험하시면 향후 마케팅에 필요한 지식과 경험은 충분히 습득 가능하실 것으로 생각합니다.

||||||||||

Q 저는 기업금융을 전담하는 RM으로 일을 하고 있습니다. RM과 PB가 서로의 기능을 병행해서 사용할 때 특히 기업 오너 대상을 영업을 할 때 효과가 크다고 하여 올해부터 예비 PB 과정연수를 수강 중에 있습니다. 꼭 PB가 되지 않더라도

향후 제 영업에 도움이 될 것으로 생각하기 때문입니다. 그런데 연수 범위가 매우 넓어 과연 모두 이수가 가능할지 걱정입니다. 어떻게 PB의 지식을 습득하면 좋은지, 좀 더 쉬운 방법은 없는지요?

A 양손잡이 PB도 기업의 회장님과 상담을 하며 기업대출에 대한 니즈만 발견해서 이 분야 전문가인 RM에게 협업을 요청하듯이 RM도 기업 오너의 개인과 관련된 각종 니즈를 발견해서 PB와 협업을 해도 충분한 성과를 거둘 수 있습니다. 지금까지 RM은 기업의 오너를 대상으로 하지 않고 기업의 자금 담당자를 만나 기업과 관련된 대출에 초점을 맞춤 영업을 해 왔는데 만약 기업 오너 대상 영업까지 확장이 가능하다면 지금보다 2배의 성과를 낼 수 있을 것입니다.

지금 하고 있는 예비 PB과정만 충실히 수강하시고 PB의 전반적인 업무 영역과 자산관리에 필수인 매일 바뀌는 금융시장에 대한 동향 정도만 꾸준히 파악하실 수 있다면 충분합니다. 그리고 대신에 RM인 본인을 대신해 개인 자산관리를 완벽하게 처리해 줄 수 있는 PB들과의 네트워크를 빨리 형성하시면 될 것 같습니다.

||||||||||

Q 고액 자산가 대상 금융 4대 이론 중 고객 공유 이론은 정말 참신한 생각인 것 같습니다. 저처럼 세금에 주특기가 없는

사람을 위해서 어느 업종 또는 기관과 고객 공유가 가능할지 몇 가지 추천 부탁드립니다.

A   필자는 고액 자산가인 고객을 한 번 정도 필요에 의해 소개해 주고 소개받는 것이 아니라 어떤 기관이나 단체와 꾸준히 소개해 주고 소개받는 관계를 고객 공유라고 정의하였습니다. 정말 이것만 가능하다면 PB의 고액 자산가 신규 고객 증가는 한결 수월해질 수 있습니다.

필자는 자동차에 관심이 많아 특히 외제차 딜러들을 많이 알고 있습니다. 물론 새로운 모델이 나오면 가급적 미리 신청을 해서 시승도 해 보고 유튜브를 자주 보며 다른 사람들의 의견도 들어 보는 것을 좋아합니다. 그런데 우리가 고급 차종이라고 말하는 벤틀리, 포르쉐, 람보르기니 딜러들을 만나면서 은행 PB 영업과 너무나 흡사한 방식으로 고객을 관리한다는 것을 알게 되었습니다. 다시 말해, 차를 팔기 위해 새로운 손님을 계속 찾는 것이 아니라 많게는 90% 이상을 기존 차량 구입 손님 관리에 할애한다는 것입니다.

새로운 모델의 차량이 나오면 제일 먼저 기존 손님께 연락을 하면 오히려 이들이 대부분의 딜러 판매 목표를 해결해 준다고 합니다. 대부분 기존 손님은 상당한 재력가인 경우가 많으므로 자주 차량을 교체하며 가족들에게도 차량 판매 가능성이 높다고 합니다. 이들 딜러들은 오히려 은행 PB들보다도 더욱 처절히 관계마케팅을 하고 있었습니다.

필자는 이들 딜러들 또한 훌륭한 은행 PB의 고객 공유 파트너가 될 수 있다고 생각합니다. PB가 먼저 자동차에 관심을 가지고 본인 고객의 자동차 취향을 잘 파악해서 이들 딜러와 고객을 상호 공유하는 관계를 만든다면 큰 성과가 있을 것으로 생각합니다.

또 하나 더 소개하면 갤러리도 좋은 고객 공유 파트너가 될 수 있다고 생각합니다. 필자는 아직 그림에 큰 관심을 갖지 못해 은행 PB 시절 적극적으로 갤러리와 관계를 형성하지 못했으나 우리나라 3대 갤러리라고 할 수 있는 갤러리현대, 국제갤러리, 가나아트센터 등은 고객 공유 파트너 대전제를 충족하는 곳입니다. 이들 갤러리 또한 일정 규모 이상의 자산가를 상대로 관계마케팅을 하고 있는데, 그림도 한번 구입한 사람이 계속 구입할 수 있는 가능성 높기 때문입니다.

필자가 평창동에서 근무하던 시절 우리나라 주요 갤러리를 통해 꾸준히 그림을 사고 팔던 손님을 몇 분 관리한 적이 있었는데, 좋은 그림이 나오면 갤러리에서 먼저 연락이 오고 심지어 일정 시기가 되어 그림 가격이 오르면 매각을 통해 큰 수익을 내 주는 경우도 많았습니다. 혹시 그림에 관심이 많다면, 우리나라 주요 갤러리와 접촉해 보시면 좋은 성과 있을 것으로 생각합니다.

||||||||||

Q 저도 대학교 때 세무사 준비를 하다가 은행에 입사했기 때문에 비교적 PB 교육 과정에서도 세금 분야가 좀 손쉬운 과목이었습니다. 그런데 세법 지식이 있는 것과 이것을 활용해 영업에 성과를 내는 것은 조금 다른 차원인 것 같습니다. 세금을 활용해 좀 더 큰 영업 성과를 만들기 위해서 필요한 것은 무엇인가요?

A 세금과 관련된 지식은 이미 충분하시겠지만, 그래도 좀 더 공부했으면 하는 부분은 이 글에서도 말씀드린 대로 상속 증여세법입니다. PB가 영업 목적으로 가장 사용 빈도가 높은 부분이기 때문입니다. 이후 저처럼 세금을 전문화한 PB로 자기 자신의 색깔을 강조하면서 가능하면 많은 고객의 세금 관련 업무에 참여하며 세무전문가나 외부 세무사의 업무 진행 과정을 간접적으로라도 경험해 보시는 것이 꼭 필요합니다.

경험은 머릿속에 들어 있는 지식을 영업에 활용해서 성과를 만들어 내게 해 줍니다. 다른 PB와 차별화되는 스토리를 가질 수 있게 되고, 또 이러한 스토리가 풍부할 때 고객 상담 과정에서 고객을 설득시키기가 쉬워지기 때문입니다.

그리고 아직 세금에 완벽한 전문성을 가지지 못했을지라도 앞으로 세금에 전문화한 PB가 되고 싶다면 지금부터 명함에 상속 증여 전문가라고 새기는 등 본인 자신을 세금에 과감하게 노출시켜 주십시오. 이러한 자신 있는 노출은 다른 PB에 비해 자신을 훨씬 많은 빈도로 세금 관련 경험을 하게 만들어

줍니다. 이러한 노력이 본인을 빠른 시간에 세금 전문 PB로
만들어 줄 것으로 생각합니다.

|||||||||||

Q 저는 이제 퇴직이 얼마 남지 않은 고참 PB입니다. 지금 하고
있는 업무와 퇴직 후 내가 할 수 있는 일을 어떻게 연계할 수
있을까요? 아직 자녀가 어려서 일정 소득도 계속 더 있었으
면 좋겠고, 퇴직 후 일은 지금 하는 일과 연관성이 있었으면
합니다. 먼저 퇴직하신 선배로 현직에 있을 때는 퇴직 후를
위해 무슨 준비를 하셨는지도 묻고 싶습니다.

A 필자가 근무했던 은행은 임원 승진이 없으면 보통 55세 또는
56세에 지점장들은 희망 퇴직을 했습니다. 그러나 동료나 선
배들에게 언제까지 일하고 싶은지를 물어보면 대부분 65세에
서 70세 정도까지라고 합니다. 일하고 싶은 나이와 일할 수
있는 나이에는 10년 이상의 괴리가 있어서 많은 퇴직을 앞둔
사람들의 고민이 큽니다.

　퇴직 후의 일과 첫 번째 직장에서의 일에 가장 큰 차이점
은 급여 수준이 아니라 본인 하고 싶은 일을 해야 한다는 것
입니다. 이 조건이 충족되어야 본인이 원하는 시기까지 일할
수 있음을 꼭 기억하셨으면 합니다. 조직의 부품처럼 일을
해 오던 사람은 사실 본인이 하고 싶은 일을 찾는 것도 쉽지
않다고 합니다. 그래서 퇴직을 준비하신다면 제일 먼저 과연

내가 하고 싶은 일이 무엇인가를 시간을 갖고 생각해 보십시오. 퇴직 준비는 여기서부터 시작하시면 됩니다.

만일 자기가 하고 싶은 일이 가급적 지금 하고 있는 일과 연계되어 있으면 퇴직 후 바로 일을 시작할 수 있으니 유리한 점이 많습니다. 예를 들어 필자의 경우는 PB 시절 세금을 전문화하여 영업을 많이 했으므로 세금을 연계하여 퇴직 후 세무법인에서 일하고 있으며, 고액 자산가 대상 신규 고객 영업을 하는 사람들에게 세금을 활용한 영업 방법을 알려 주는 교육을 하고 싶어 현재 이 책을 집필 중에 있습니다. 이후 가능하다면 이 책에서 가장 많이 강조하고 있는 '고객 공유'를 쉽게 할 수 있는 플랫폼 비즈니스를 하고 싶습니다.

필자가 퇴직 후 하고 있는 일의 출발은 바로 하고 싶은 일에 대한 숙고(熟考)에서부터 시작하였으며, 이에 대한 생각이 정리되면 자연스럽게 그 분야에 대한 관심을 갖게 되고 지금 직장에서의 근무에 방해되지 않는 범위에서 사전 준비들이 이루어지기 시작합니다. 이 책의 '후배에게 드리는 글'을 통해 지금 하고 있는 일과 연관성 있는 퇴직 후 일자리 찾는 방법은 설명해 놓았으니 이를 참고하시어 이러한 과정을 하루라도 빨리 시작하고 준비가 충분해진다면, 뒤늦게 시작하여 퇴직 후 새로운 일을 하기까지 좀 더 시간이 필요하게 되는 과오는 범하지 않게 됩니다. 지금도 늦지 않았으니 바로 내가 진정으로 무엇을 하고 싶은지 곰곰이 생각해 보십시오.